Auf den Spuren von Paula Modersohn-Becker

Auf den Spuren von Paula Modersohn-Becker

Anna Brenken/Mit Fotografien von Toma Babovic

Ellert & Richter Verlag

Inhalt

Bremen, London, Berlin:
Lehr- und Wanderjahre

Paula Modersohn-Becker hat sich immer wieder selbst gemalt. Ein Bild, das heute in dem ihr gewidmeten Museum in der Bremer Böttcherstraße hängt, zeigt die Künstlerin im Halbakt. Das Selbstbildnis entstand in der wohl dramatischsten Lebensphase der Malerin im Frühjahr 1906 in Paris. Zu sehen ist eine nackte junge Frau, kräftig gebaut, um ihre Hüften liegt sehr locker ein lichtblaues Tuch. Um den Hals trägt sie eine Bernsteinkette, die bis zur Brust reicht. Ihre Hände umfangen den Leib mit dem wie in einer Schwangerschaft vorgewölbten Bauch. Das Gesicht mit den lebhaft geröteten Wangen und weit geöffneten braunen Augen zeigt deutlicher als andere Selbstbildnisse die Züge der Künstlerin.

Ein unerhörtes Bild in vielerlei Beziehung. Indem Paula Modersohn-Becker den eigenen Körper zum Bildthema machte, tat sie einen Schritt in eine Richtung, in die sich noch keine Künstlerin vor ihr gewagt hatte: die Selbstdarstellung als Akt. Sie malte sich als Schwangere. In Wahrheit hatte sie jedoch wenige Wochen zuvor das Künstlerdorf Worpswede und ihren Mann Otto Modersohn verlassen, um in der Weltstadt Paris ein neues Leben zu beginnen. „Ich möchte *jetzt* auch gar kein Kind von Dir haben“, hatte sie ihm geschrieben.

Das ein Meter hohe Selbstbildnis zeigt unten rechts die Inschrift: „Dies malte ich mit 30 Jahren an meinem 6. Hochzeitstage. P. B.“ In dieser

Das „Selbstbildnis am 6. Hochzeitstag" ist ein Schlüsselbild in Leben und Werk von Paula Modersohn-Becker. Es entstand im Frühjahr 1906 in Paris, als sie sich endgültig von Worpswede und Otto Modersohn losgesagt hatte. In das ein Meter hohe Selbstporträt schrieb die Künstlerin rechts unten den Satz: „Dies malte ich mit 30 Jahren an meinem 6. Hochzeitstage. P. B." Sie wollte nur noch Paula Becker sein, ihr Leben nicht mehr teilen zwischen Ehe und Kunst. Die Malerin stellt sich als Schwangere dar – ein symbolischer Ausdruck ihres neuen Lebensplans. Das Selbstbildnis ist heute in dem der Künstlerin gewidmeten Museum in der Bremer Böttcherstraße zu sehen.

„Selbstbildnis am 6. Hochzeitstag", 5. Mai 1906, Pappe, 101,8 x 70,2 cm, Kunstsammlungen Böttcherstraße, Paula Modersohn-Becker Museum, Bremen

entscheidenden Phase ihres Lebens griff die Künstlerin auf ihren Mädchennamen zurück. Die Übersiedlung nach Paris war für sie wie eine Neugeburt. Das Bild ist ein deutlicher Hinweis darauf: die Selbstdarstellung mit der Andeutung einer Schwangerschaft als Symbol der Hoffnung für den Aufbruch in ihre Kunst. Dass dieser Frau von 30 Jahren, die so mutig einen Neuanfang suchte, um alle Kräfte für ihre Kunst zu bündeln, dann nur noch wenige Monate zu leben blieben, hat uns, ihre Nachwelt, immer wieder erschüttert.

Paula Modersohn-Becker starb mit 31 Jahren, kurz nach der Geburt ihrer Tochter Mathilde, in Worpswede, wohin sie zurückgekehrt war. Ihr umfangreiches Werk – 700 Gemälde und annähernd 1000 Zeichnungen – ist die Hinterlassenschaft einer früh Vollendeten. Wie bei August Macke (1887–1914), wie bei Franz Marc (1880–1916).

Wir wissen heute, dass Paula Modersohn-Becker zu den bahnbrechenden Künstlern des beginnenden 20. Jahrhunderts gehört, dass ihr Werk in die Zukunft weisende künstlerische Konzepte zeigt. Ihre Bilder, die während der Zeit des Nationalsozialismus als „entartet" diffamiert wurden, hängen in den Museen diesseits und jenseits des Atlantik.

Die Malerin wird heute als bedeutende Frau und Künstlerin verehrt. Erzogen wurde sie, die „höhere Tochter", als Kind einer gutbürgerli-

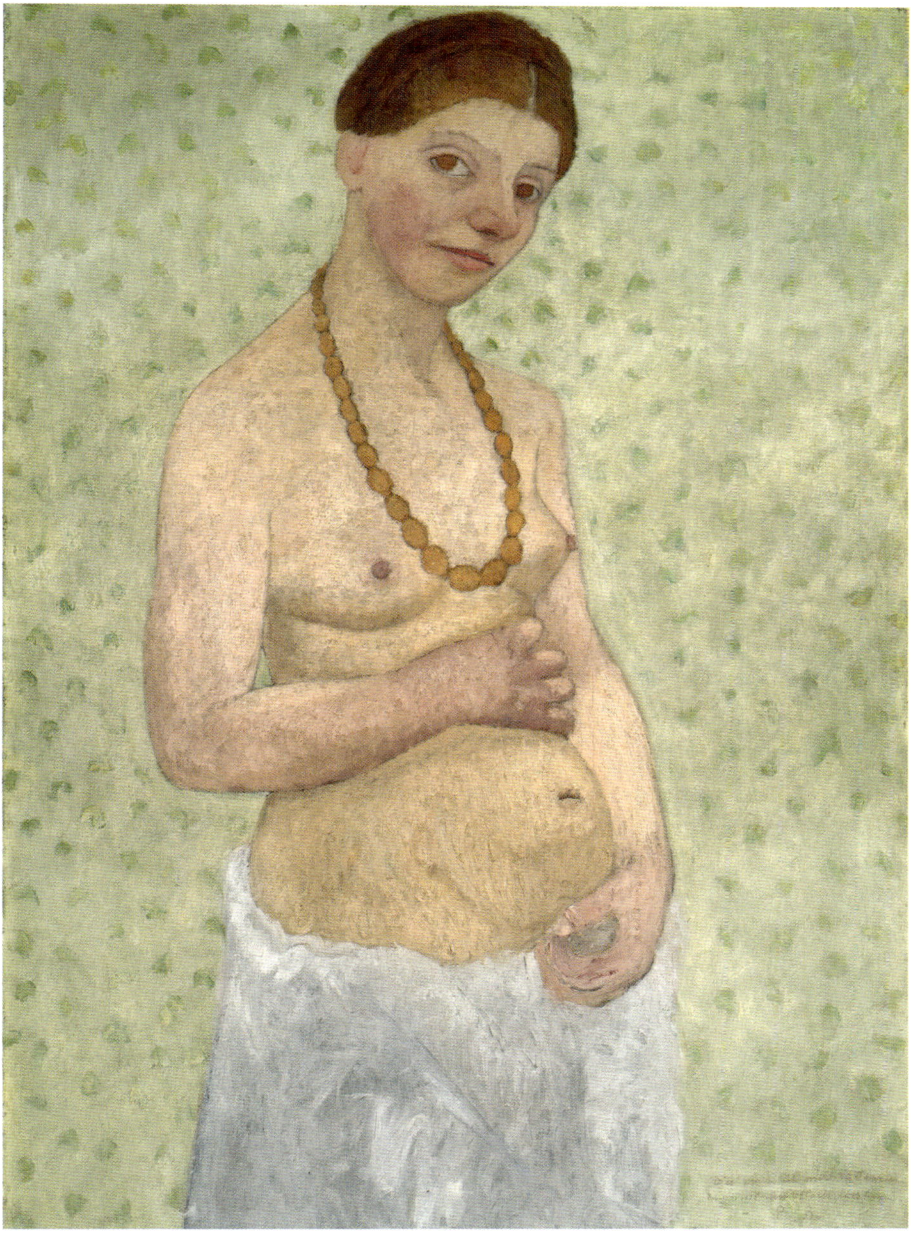

chen Familie. Geboren wurde Paula Becker am 8. Februar 1876 als drittes von sieben Kindern. Zeit ihres Lebens fühlte sie sich eng an ihre Eltern und Geschwister gebunden. Ganz in der Tradition des 19. Jahrhunderts schrieb man sich unermüdlich Briefe – zärtliche, besorgte, mahnende, treue und der Pflicht gehorchende. Der Vater war ein strenger, ja rigider Kritiker der Kunst seiner Tochter. Die Mutter, großherziger und offener, half ihr, wo sie konnte. Die neun Jahre jüngere Schwester Herma schrieb später in einer herzbewegenden Erinnerung an die verstorbene Paula und die Entstehung ihres Werks: „Im ganzen geschah alles in unerhörter Einsamkeit."

Die Geburtsstadt der Künstlerin ist Dresden. Hier arbeitete der Vater Carl Woldemar Becker als Ingenieur bei der Eisenbahnverwaltung. Die Mutter entstammte der thüringisch-sächsischen Adelsfamilie von Bültzingslöwen. Paula hatte zu der Verwandtschaft zeitlebens gute Kontakte. Sie wurde zu Reisen eingeladen und später in ihrer künstlerischen Ausbildung finanziell unterstützt. Der erste Einbruch in die gut behütete Dresdner Kindheit war der Tod einer sehr geliebten Cousine: Die Kinder hatten zu dritt in einer Sandkuhle gespielt, waren verschüttet worden. Paula und die Cousine Maidli Parizot konnten sich retten, die elfjährige Cora erstickte. Eine frühe Begegnung mit dem Tod, die Paulas Hang zum Einzelgängertum

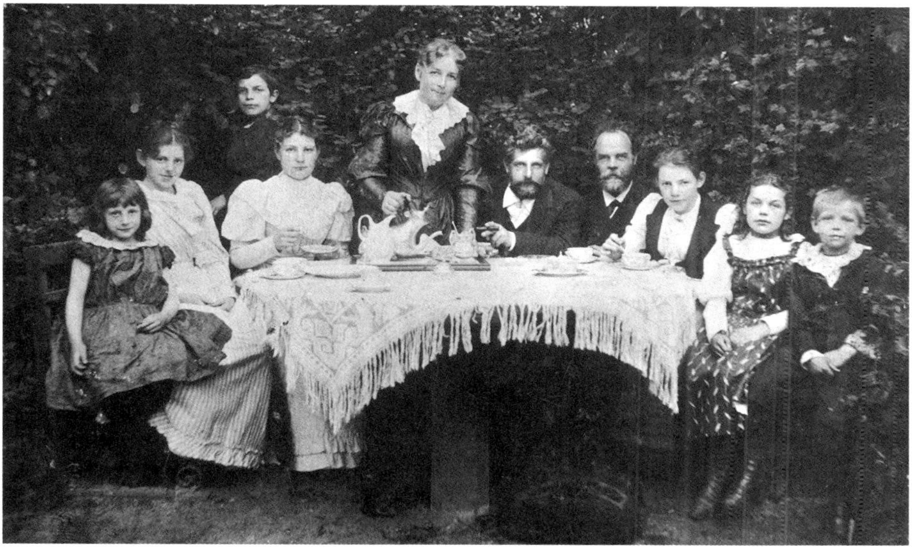

Paula war zwölf Jahre alt, als die Familie 1888 nach Bremen umzog. Die Sonntagnachmittagskaffees in der Schwachhauser Chaussee 29 waren ein familiäres Ritual, das das junge Mädchen (zweite von links) gerne mitmachte. Paulas Mutter, Mathilde Becker, liebte die Geselligkeit. In der Familie wurde viel musiziert und gelesen, die Kinder wurden zu Ausstellungen mitgenommen.

bestärkt haben mag. Als Kind versteckte sie sich gern in dem Großen Garten in Dresden.
Mit 21 Jahren entdeckte sie für sich den Ort, wo sie uneingeschränkt ihrem Bedürfnis nach Alleinsein folgen konnte: Worpswede.
Paula lernte früh, sich in der Gesellschaft zu bewegen. Als sie zwölf Jahre alt war, zog die Familie nach Bremen. In der Wohnung an der Schwachhauser Chaussee 29 wurde viel musiziert. Die gewandte und gesellige Mutter liebte Einladungen. Die Kinder lasen viel, gingen mit ihren Eltern ins Museum, lernten Fremdsprachen und trieben Sport, wie es sich für Sprösslinge aus gutem Hause gehörte. Paula tat dies alles mit großer Begeisterung. Alles, was sie interessierte, betrieb sie mit außergewöhnli-

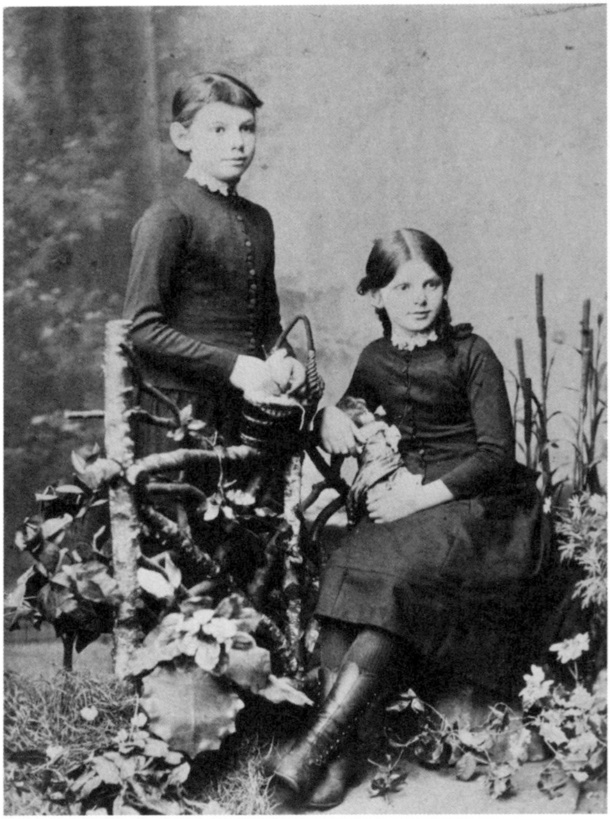

Paula Becker (rechts) mit ihrer älteren Schwester Milly um 1887 in Dresden. In der elfjährigen kleinen Schönheit mit den dunklen Augen und dem schweren Haar ist bereits die junge Frau zu erkennen, die sich als Malerin später immer wieder selbst porträtieren sollte. Paula wuchs mit fünf Geschwistern auf, zu denen sie zeitlebens ein sehr enges Verhältnis hatte. Man schrieb sich regelmäßig und besuchte sich, so oft es nur ging. Ein sechstes Geschwisterkind Paulas verstarb im Alter von zwei Jahren.

cher Intensität – die erste Voraussetzung für ihren späteren Lebensweg als Künstlerin. Ebenso wichtig: Alles, was sie nicht neugierig machte, ließ sie rigoros beiseite. Die Konzentration auf das ihr Wesentliche war ein bemerkenswert früh ausgeprägter Charakterzug bei Paula Becker. Er betraf auch ihren Umgang mit Menschen: Sie beschränkte sich zeitlebens auf wenige wichtige Bezugspersonen.

Der Vater, der später die künstlerischen Schritte seiner Tochter mit äußerster Skepsis und Kritik verfolgte, hatte wohl kaum geahnt, was er tat, als er die 16-Jährige „zur Erweiterung des Horizonts" nach London schickte. Bei seiner Halbschwester Marie Hill vor den Toren der Metropole sollte das Kind Haushaltsführung und die englische Sprache lernen. Brav schrieb es an die Großmutter: „Eben habe ich zwölf ganze Pfund Butter gemacht, ganz allein, ich bin natürlich furchtbar stolz darauf (...)."
Entscheidend für ihr Leben wurde aber etwas anderes. Im August 1892 heißt es in einem Brief der 16-Jährigen an den Vater in Bremen: „Ich hatte heute wieder Skizzenstunde. Meine erste Landschaft mache ich nur in Sepia. Sie sieht ein bißchen aus, als hätte ich sie unter flutendem Regen gemacht (...)." In England lernt Paula zeichnen. In einer Londoner Kunstschule hat sie täglich Unterricht. Sie hat gefunden, was für ihr Leben das Wesentliche sein soll.
Heimwehkrank kommt Paula Becker nach einem halben Jahr London wieder zu Hause an. Einige Monate später schreibt sie der Tante, die sie offenbar über die Maßen viel kritisiert hatte, einen bemerkenswerten Brief nach England. Eine ebenso rigorose wie starke Selbstverteidigung. „Du hältst mich für äußerst egoistisch. Darüber habe ich so oft nachgedacht und richtig nach dem fürchterlichen Egoismus gesucht. Ich kann ihn nicht finden. Ich habe

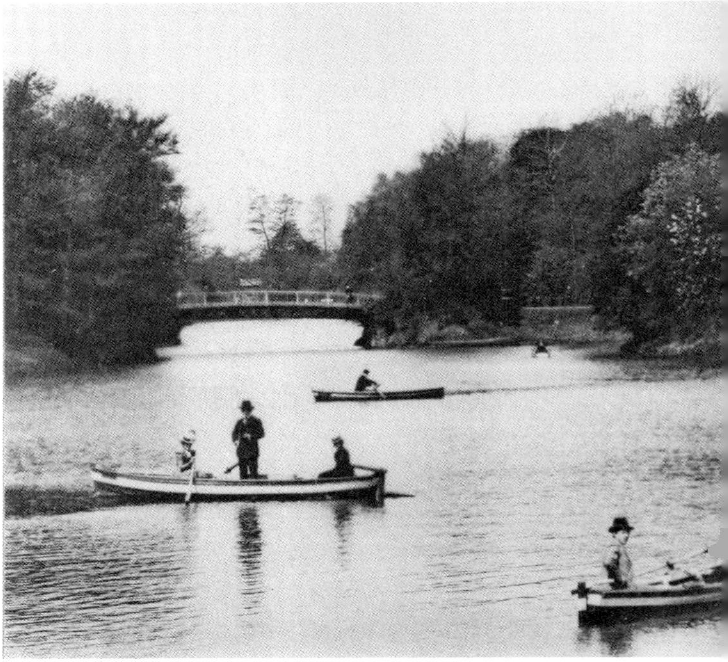

gefunden, daß ich herrschsüchtig bin und daß ich ganz ans Regieren gewöhnt bin. Aber alle unterwarfen sich mir und weder sie noch ich merkten etwas davon. Ich fand es auch in der Schule ganz selbstverständlich, daß mein Wort das durchschlagende war. Aber hat das etwa mit Egoismus zu tun? Und wenn, könnte ich es helfen?

Jetzt und früher wurde ich fast immer von Mama gelobt, oder wir sahen es als ganz selbstverständlich an, daß ich nicht viel Tadelnswertes tat. Ich kam zu Dir. Ich sah, daß ich fast in allem Dich nicht befriedigte, oder Deine Hoff-

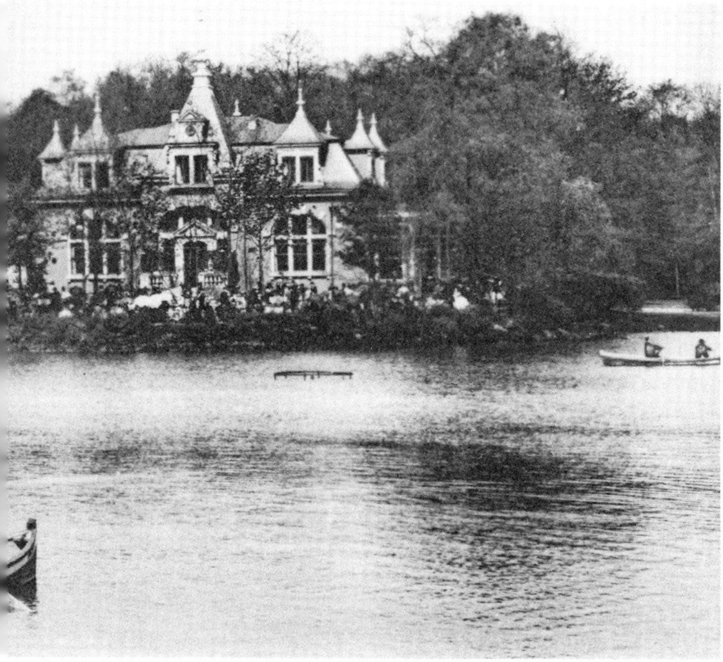

Die Künstlerin erinnerte sich später oft an ihre Kinderjahre in Dresden. Der Große Garten mit Carolasee und Carolaschlösschen lag nahe bei der damaligen Wohnung der Familie Becker. Schon als kleines Mädchen suchte Paula immer auch die Einsamkeit. Der Garten bot ihr die allerschönsten Verstecke. Die Stadt ihrer Kindheit, das war das unzerstörte barocke Dresden mit seiner viel gepriesenen Lage am Fuße der Elbhügel.

nungen vereitelte. Nun habe ich eine ungeheure Portion Stolz bekommen. (...) Mein Stolz ist mein Bestes." Vier Jahre später bekräftigte sie noch einmal – eher in humorvollem Ton – in einem Brief: „Ihr müßt mich schon alle mit meinem Egoismus nehmen, ich werde ihn nicht los, er gehört zu mir wie meine lange Nase."

Ohne diesen „Egoismus" wären wir heute um das Werk Paula Modersohn-Beckers ärmer. Leicht gemacht wurde ihr der Lebensweg nicht. Immer wieder hängten sich ihr die bürgerlichen Konventionen des ausgehenden 19. Jahrhunderts wie Blei an die Füße.

Wo gab es für eine Tochter aus gutem Hause damals eine Berufschance? Auf Wunsch des Vaters besuchte Paula von 1893 bis 1895 in Bremen das Lehrerinnenseminar. Die Malstunden wurden dabei als schöne Nebensache eingestuft.

Dass es der 20-Jährigen dann gelang, die Nebensache zur Hauptsache zu machen, spricht für ihren viel beschworenen „Egoismus". Im Jahr 1896 wird sie Schülerin der „Zeichen- und Malschule des Vereins Berliner Künstlerinnen von 1867" in der Potsdamer Straße in Berlin. Die Preußische Akademie der Künste, an der damals der Favorit des Kaisers, der Historienmaler Anton von Werner, residierte, war Frauen noch verschlossen. Dafür standen dem jungen Mädchen aus der Provinzstadt, das bei Verwandten der Mutter in einer Villa in Schlachtensee wohnen konnte, die Berliner Museen offen. Neugierig, aber wie immer sehr gezielt, suchte sich Paula Becker dort ihre Lieblingsecken.

Man kann nur spekulieren, ob sie in ihrer Berliner Zeit bereits das Cézannebild sah, das Hugo von Tschudi verdienstvollerweise im Jahr 1897 für die Nationalgalerie ankaufte – noch bevor irgendein französisches Museum ein Werk des großen Malers aus Aix-en-Provence erwarb. Belege dafür gibt es nicht. Auf jeden Fall wurde die Begegnung mit mehreren Werken Paul Cézannes drei Jahre später in

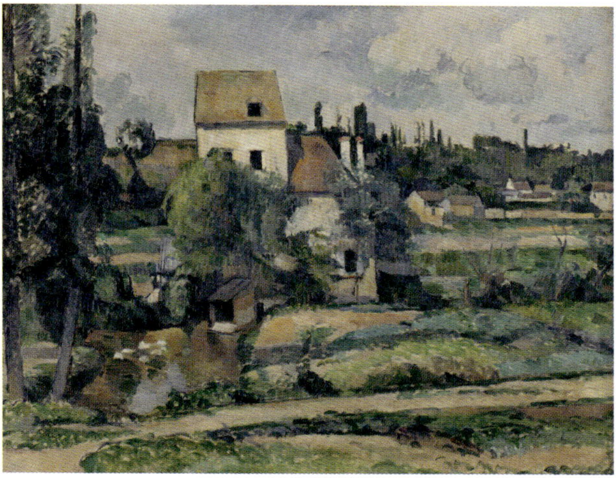

Paul Cézanne, „Mühle an der Couleuvre bei Pontoise“, 1881. Paula Becker könnte das Ölgemälde, das 1897 für die Berliner Nationalgalerie angekauft wurde, während ihres Studiums an der Spree gesehen haben.

„Mühle an der Couleuvre bei Pontoise“, 1881, Öl auf Leinwand, 73,5 x 91,5 cm, Staatliche Museen zu Berlin, Nationalgalerie

Paris für Paula Becker zum Schlüsselerlebnis. Ihr Werk zeigt – wie wir später noch sehen werden – eine künstlerische Verwandtschaft mit dem Œuvre dieses Meisters.

In der Zeichen- und Malschule stürzte sich die 20-Jährige mit Feuereifer in die Arbeit. Mit der gleichen Vehemenz, mit der sie den Lehrstoff annahm, verstieß sie gegen die gelernten Gesetze. Sie ließ die perspektivtreue, abbildungswillige, stimmungsselige Malerei des 19. Jahrhunderts hinter sich, um die ersten Schritte ins Neuland der Moderne zu tun.

Aus der Berliner Zeit sind zahlreiche Briefe an die Eltern in Bremen erhalten. „Ich arbeite mit einer Leidenschaft, die alles andere ausschließt“, schrieb die Kunststudentin nach Hause. Paula war von Kind an eine begabte Menschenbeobachterin gewesen. Jetzt schulte sie dieses Talent ganz bewusst: „So studiere ich auf meinem Wege mit riesigem Vergnügen Physiognomien und versuche, das ihnen Charakteristische schnell zu finden. Wenn ich mit jemandem spreche, so beobachte ich mit Fleiß, was für einen Schatten die Nase wirft, wie der tiefe Schatten auf der Wange energisch ansetzt und doch wieder mit dem Licht verschmilzt." Sie lebe jetzt ganz mit den Augen, schrieb sie, sehe sich alles aus malerischen Gesichtspunkten an. Wenn sie durch die Potsdamer Straße ihren Weg zur Zeichenschule pilgere, betrachte sie tausend Gesichter und versuche mit einem Blick, das Wesentliche an ihnen zu entdecken.

Im Jahr 1897 kam sie in die Porträtklasse der Malerin Jeanne Bauck. Paula Becker hat diese Lehrerin sehr verehrt und von ihr wohl auch am meisten profitiert – nicht nur für ihre Kunst, sondern auch durch die Begegnung mit dieser starken, unorthodoxen Persönlichkeit. Die damals 57-jährige Jeanne Bauck war einige Zeit in Paris gewesen. „Sie ist ganz modern, was ja in gutem Sinne nur übersprudelnde Jugend bedeuten soll. Ich liebe sie sehr", schrieb Paula an die Eltern. Aber auch, dass das Äußere der verehrten Lehrerin recht ruppig-struppig sei. Ihr Haar gleiche mehr gerupften Federn. Ihre Figur sei groß, dick, ohne Korsett. Dagegen das Gesicht: „Ihre Züge sind geradeso interessant wie ihr Malen, ich kann mir immer wieder den kleinen pikanten Bogen ihres

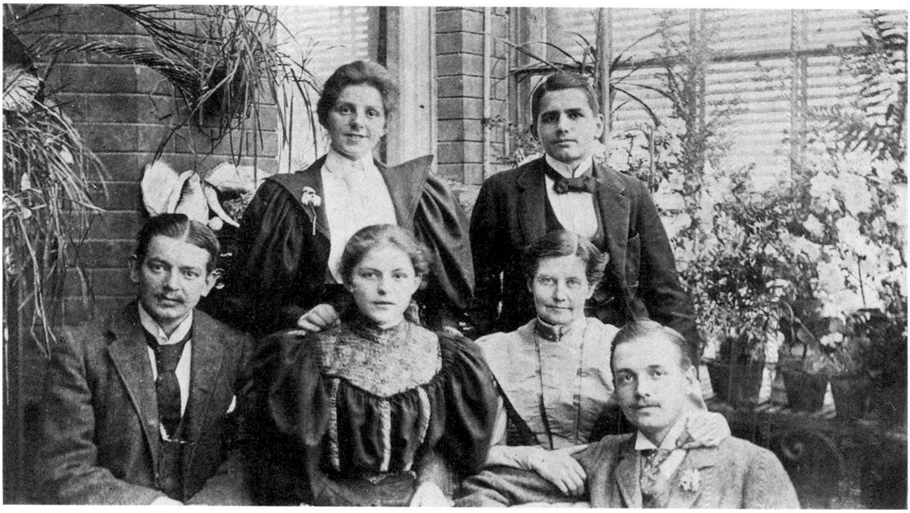

Nasenloches anschaun. Ihr Mund hört so nett plötzlich auf, als ob der Herrgott plötzlich mit einem feinen Pinselstrich darüber gefahren wäre. (...) Kürzlich besuchte ich Jeanne Bauck in ihrem Atelier. Es gibt für mich nichts Schöneres, als ein Atelier zu betreten, dann bekomme ich viel frömmere Gedanken als in der Kirche (...)."

Das Foto zeigt Paula Becker (stehend links) im Kreis der Familie ihres Onkels Wulf von Bültzingslöwen. Sie wohnte während ihres Studiums an der Zeichen- und Malschule des Vereins Berliner Künstlerinnen 1897/98 in der Villa der Verwandten mütterlicherseits am Schlachtensee. Nach London war Berlin die zweite Metropole, in der sich die junge Studentin Paula neugierig umtat. Am liebsten ging sie in die Museen. Aber auch das Theater interessierte sie sehr.

Als die ungewöhnliche Lehrerin im Herbst die Schule verlassen muss, ist Paula äußerst wütend: „Und nun kommt mein großer Kummer: Es gibt wieder Streit in der Schule. Weiber! Weiber! Weiber! Teils sind sie fein und groß und dann wieder solch kleines Pack."
Nach der Mitteilung über die Entlassung der verehrten Lehrerin habe sie sich hinter den Malschürzen versteckt und geweint. In der

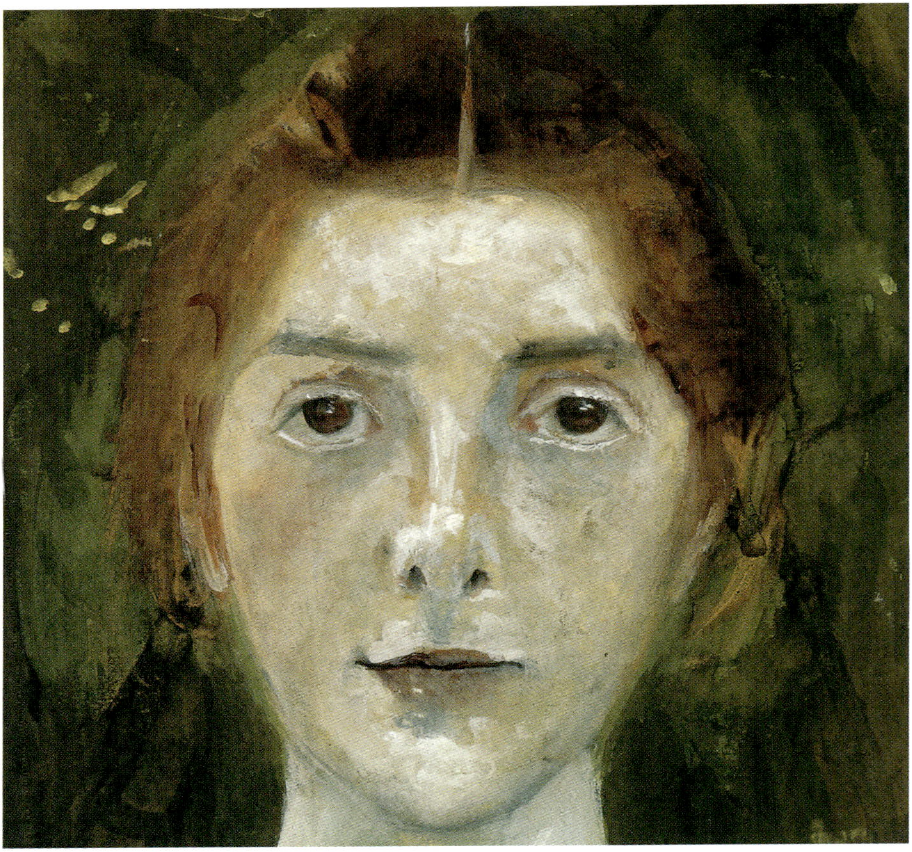

Das Porträt von 1897 zeigt, wie souverän die Künstlerin bereits mit 21 Jahren sich selbst darstellte.

„Selbstbildnis“, frontal, 1897, Gouache, 24,5 x 26,5 cm, Paula Modersohn-Becker Stiftung, Bremen

Schule wurde nur im Atelier, nicht plein air, gearbeitet. Paula lernte, mit den Materialien Kohle, Rötel, Pastell, Aquarell und zuletzt – mit großer Freude – auch mit Ölfarben umzugehen. Ein Selbstbildnis von 1897 (Rötel und Kohle) zeigt die 21-Jährige so, wie sich Paula Modersohn-Becker immer wieder bis zu ihrem Lebensende darstellen wird: unter dem streng gescheitelten Haar eine klare Stirn. Die Ohren setzen in Höhe der kräftigen Augenbrauen an, was die untere Gesichtspartie sehr zart erscheinen lässt. Die auffallend weit offenen Augen geben dem Gesicht großen Ernst, der von den geschlossenen Lippen unterstrichen wird. Selbstbefragung und Selbstvergewisserung – immer wieder Thema im Werk der Künstlerin. Die jüngere Freundin und Worpsweder Künstlerkollegin Ottilie Reylaender schreibt nach dem frühen Tod von Paula Modersohn-Becker: „Kein Bild, kein Photo, auch kein Selbstbildnis gibt sie ganz wieder: das weiße, schmale, von innen durchleuchtete Gesicht mit den enormen rotbraunen Haaren und den unvergleichlichen Augen: groß und samten wie die dunklen Aurikeln in ihrem Gürtel, mit den fremdartig geschnittenen breiten Lidern, der äußere Augenwinkel tiefer als der innere, und dem strengen und doch oft lächelnden Mund. Alle ihre Gesichtsorgane waren riesenhaft: Nase, Augen, Ohren. Das gab dem kleinen Kopf etwas ungeheuer Kräftiges und Gewaltsames.“

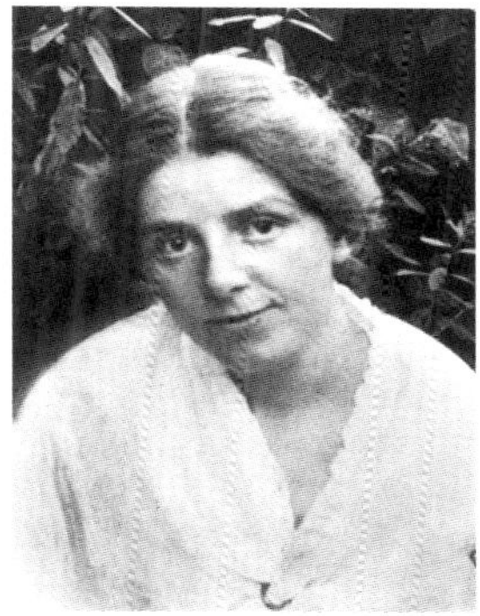

Ein Fotoporträt der sehr ernst blickenden Malerin, die im Leben oft so überschäumend heiter sein konnte.

Worpswede:
ein Atelier im Künstlerdorf

Als sich Paula Becker im Sommer 1898, mit 22 Jahren, in dem einsamen Heidedorf Worpswede, am Rande des Teufelsmoors bei Bremen, ein Atelier einrichtete, hatte sie schon einiges von der Welt gesehen. In London und Berlin war sie nicht nur eine eifrige Museumsbesucherin gewesen, sondern hatte sich, vor allem in Berlin, auch mit Vergnügen ins Theaterleben gestürzt. Sie hatte die Stücke des norwegischen Dramatikers Henrik Ibsen und Werke des Naturalisten Gerhart Hauptmann gesehen, las Nietzsche („Also sprach Zarathustra"). Passagen, die sie besonders beeindruckten, schrieb sie in ihr Tagebuch.

Die Reisen, die die junge Malerin unternahm, waren von früh an Reisen zur Kunst gewesen. In Wien hatten sie die Werke von Peter Paul Rubens und Tizian, Albrecht Dürer und Lucas Cranach fasziniert. In ihrer Geburtsstadt Dresden besuchte sie im Jahr 1897 die internationale Kunstausstellung. Von einer Visite in dem Leipziger Atelier des Malers und Bildhauers Max Klinger schwärmte sie später in einem Brief an den Dichter Rainer Maria Rilke: „Ich machte meine eigenen Runden durch dieses Riesenatelier und erlebte innerlich. Nur als ich Klinger beim gehen die Hand gab, blickte ich ihn an, den Mann mit der braunen Joppe und dem roten Bart. Und mit diesem Blick hatte ich das Gefühl, als lege ich meinen ganzen Menschen in seine Hände. Er hätte mit mir machen

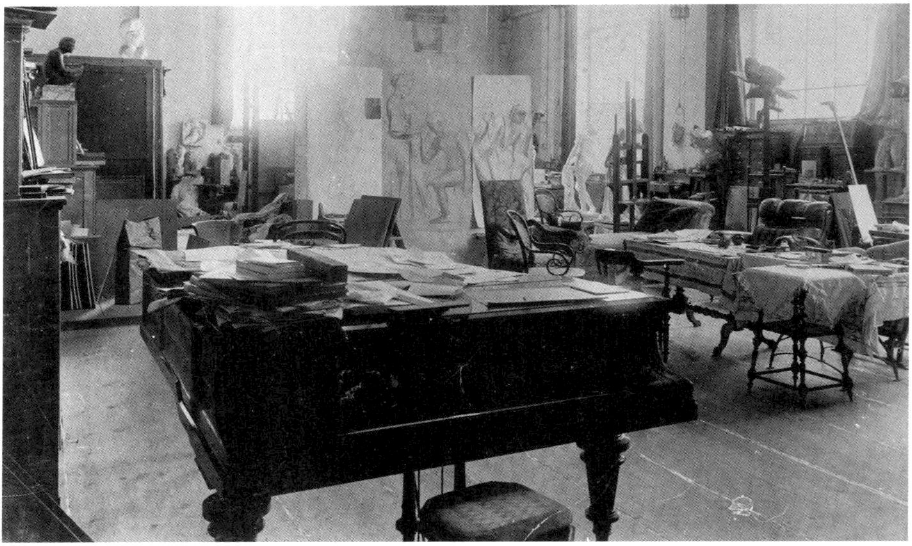

Das Atelier des Bildhauers, Malers, Radierers Max Klinger im Jahr 1920 in Leipzig, 22 Jahre nach dem Besuch Paula Beckers. Der Künstler und sein Werk hatten sie tief beeindruckt.

können, was er wollte. Und ich ging hinaus, vorbei an dem Gigantenfries des Christus im Olymp, durch das Vorzimmer mit dem merkwürdigen Grün an den Wänden und dem Lila-Grau an der Decke und mit dem römischen Porträt. In dem Vorplatz, wo lauter weiße kleine Sternblumen an der Treppe entlang auf der Wand leuchteten, da musste ich leise weinen."
Auffallend ist, wie in diesem Brief backfischhafte Emphase und genaue Beobachtung der Umwelt Hand in Hand gehen. Gepaart übrigens, wie häufig, mit einem Sinn für Humor, der Paula Becker von Kind an eigen war. So schreibt sie am Anfang des Briefes, dass in dem Atelier auch mehrere Tanten und eine elegante Cousine dabei waren. Letztere habe gut Kon-

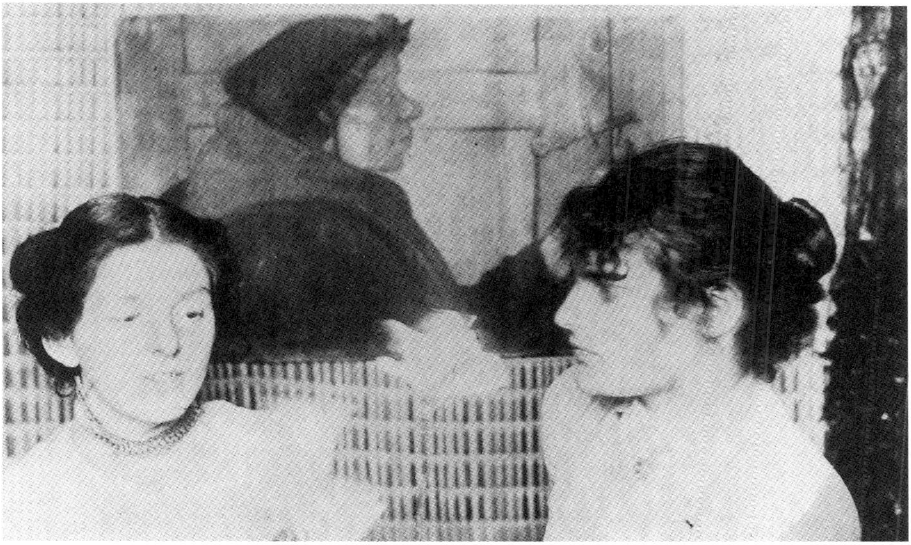

versation machen können und habe ein graues Kostüm mit lila Schleifen getragen.

Bevor die 22-jährige Paula nach Abschluss der Berliner Ausbildung im Frühsommer 1898 mit ihrem Onkel Wulf von Bültzingslöwen zu einer Norwegenreise aufbricht, kennt sie schon ihr eigentliches Ziel: Worpswede. In Norwegen zeichnet sie viel, schreibt Briefe, liest. Aber sie reagiert auf die nordische Landschaft an keiner Stelle so schwärmerisch wie ein Jahr vorher auf die Begegnung mit der kargen Moorlandschaft von Worpswede. War es die Landschaft oder die Aura, die der kleine Ort als Künstlerkolonie damals schon ausstrahlte, was Paula faszinierte? Wahrscheinlich beides. Obwohl der Vater sie immer wieder bedrängte, sich den

Die Bildhauerin Clara Westhoff (rechts) besuchte die Freundin Paula gerne in dem Atelier, das sich die Malerin 1898, gerade eben 22 Jahre alt, in Worpswede eingerichtet hatte. Wie das Atelier aussah, beschrieb später Ottilie Reylaender, die dritte junge Künstlerin im Freundinnenbund: „Den hellen niedrigen Raum hatte sie sich selbst leuchtend zitronengelb und ultramarinblau angestrichen, dergestalt, daß die Wand in zwei Hälften geteilt war: die untere blau, die obere gelb."

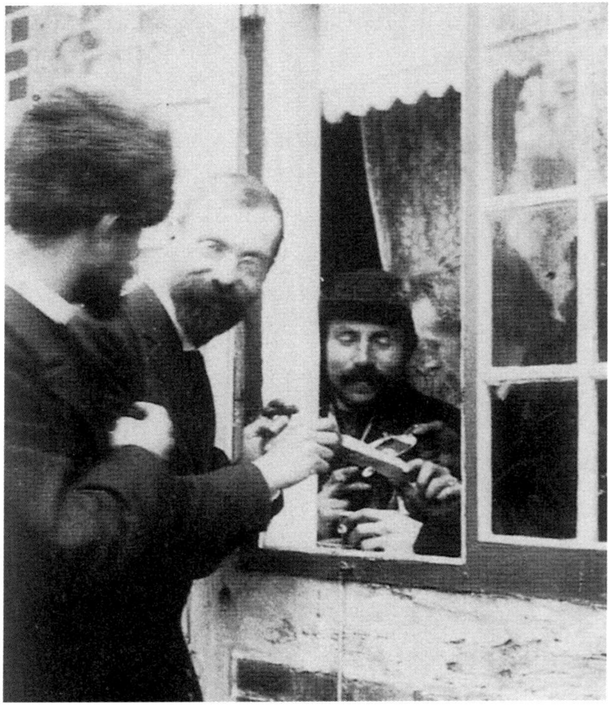

Die Gründerväter der Künstlerkolonie Worpswede (von links nach rechts): Hans am Ende, Otto Modersohn, Fritz Overbeck und Fritz Mackensen. Im Jahr 1896, als dieses Foto entstand, studierte Paula Becker in Berlin. Den Bildern der Worpsweder war sie jedoch schon ein Jahr vorher in der Bremer Kunsthalle begegnet.

Lebensunterhalt als Lehrerin oder Gouvernante zu verdienen, war die Tochter fest entschlossen, ihren Weg als Künstlerin zu machen. Da sie zudem ein inniges Verhältnis zur Natur hatte, in der sie mehr zu sich selbst fand als im Chaos der Großstädte, war Worpswede der ideale Ort für sie.

Die Gründerväter der Künstlerkolonie – Fritz Mackensen, Otto Modersohn, Hans am Ende, Fritz Overbeck und Heinrich Vogeler –, die in dem Moordorf seit 1889 ihr erträumtes „Zurück zur Natur“ gefunden hatten, waren zu dem Zeitpunkt, als Paula Becker zum ersten Mal nach Worpswede kam, schon arriviert. 1895 hatte sie ihre Bilder in der Bremer Kunsthalle gesehen und wenig später auch von den aufsehenerregenden Erfolgen der Künstlergemeinschaft im Münchner Glaspalast gehört.

Als Paula mehr oder weniger zufällig auf einem Familienausflug von Bremen aus im Sommer 1897 nach Worpswede kam und spontan beschloss, dort mit einer Freundin vor Beginn des Berliner Semesters einige Wochen zu verbringen, schrieb sie schwärmerisch in ihr Tagebuch: „Worpswede! Worpswede! Worpswede! Versunkene-Glocke-Stimmung! Birken, Birken, Kiefern und alte Weiden. Schönes braunes Moor, köstliches Braun! Die Kanäle mit den schwarzen Spiegelungen, asphaltschwarz. Die Hamme mit ihren dunklen Segeln, es ist ein Wunderland, ein Götterland."

So viele enthusiastische Ausrufezeichen für eine Landschaft, die im Allgemeinen eher als melancholisch angesehen wird. Wahrscheinlich ist, dass dieser Enthusiasmus sehr von den Begegnungen mit den hier ansässigen Künstlern beflügelt wurde. Da überrascht es, wie klar und kritisch sie diese dann unter die Lupe nimmt. Über Mackensen, den „Mann mit den goldenen Medaillen in den Kunstausstellungen", urteilt sie: „Das Große, das unsagbar Große, das ist verloren gegangen. Im Leben nicht, in der Kunst. Schade, schade."

Nächste Doppelseite: Als Paula Modersohn-Becker im Sommer 1897 zum erstenmal nach Worpswede kam, war sie auf Anhieb hingerissen von der Landschaft um das Teufelsmoor. Sie liebte die Einsamkeit. Schwärmerisch schrieb sie in ihr Tagebuch: „Worpswede! Worpswede! Worpswede! Versunkene-Glocke-Stimmung!" Das Foto zeigt das Teufelsmoor.

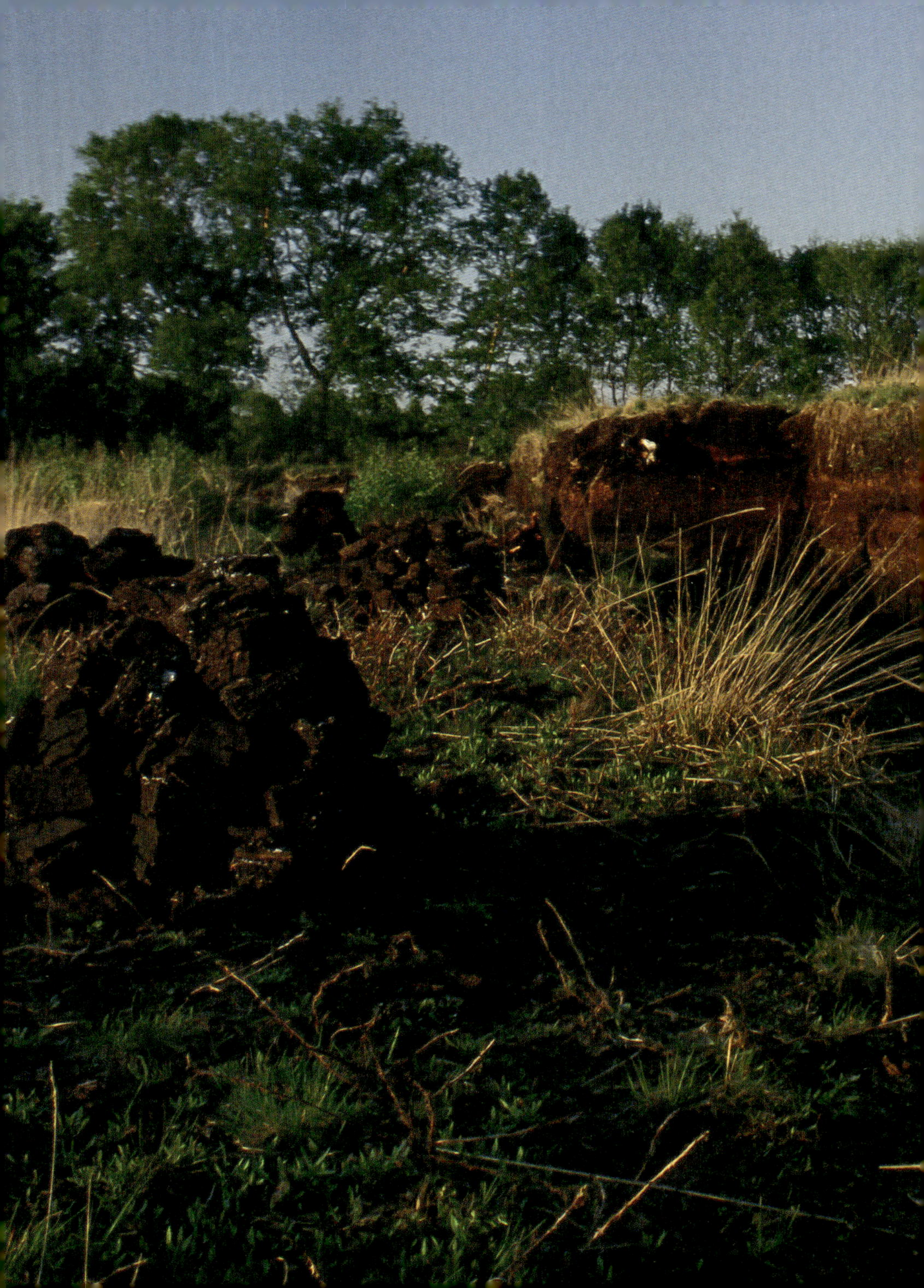

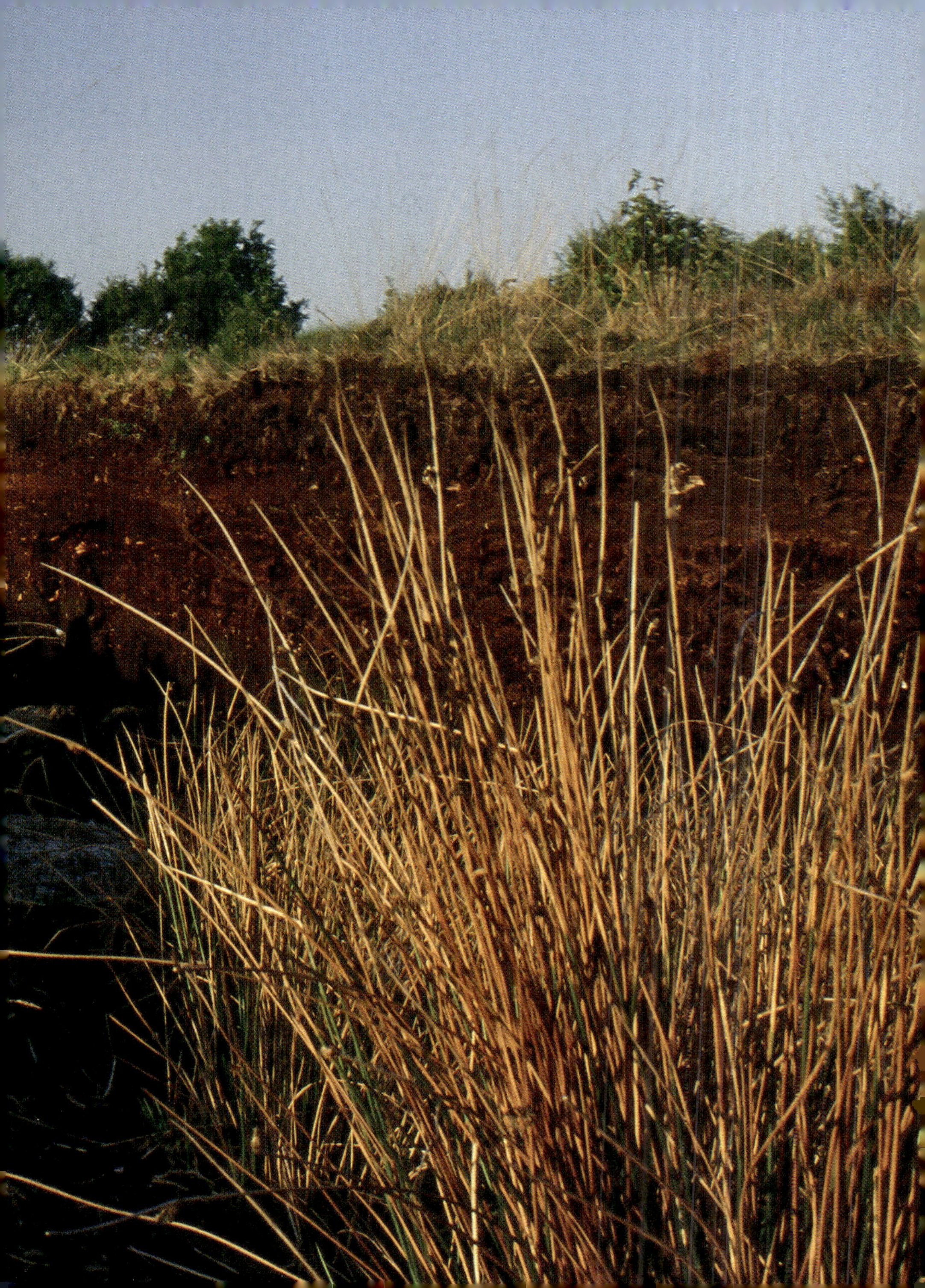

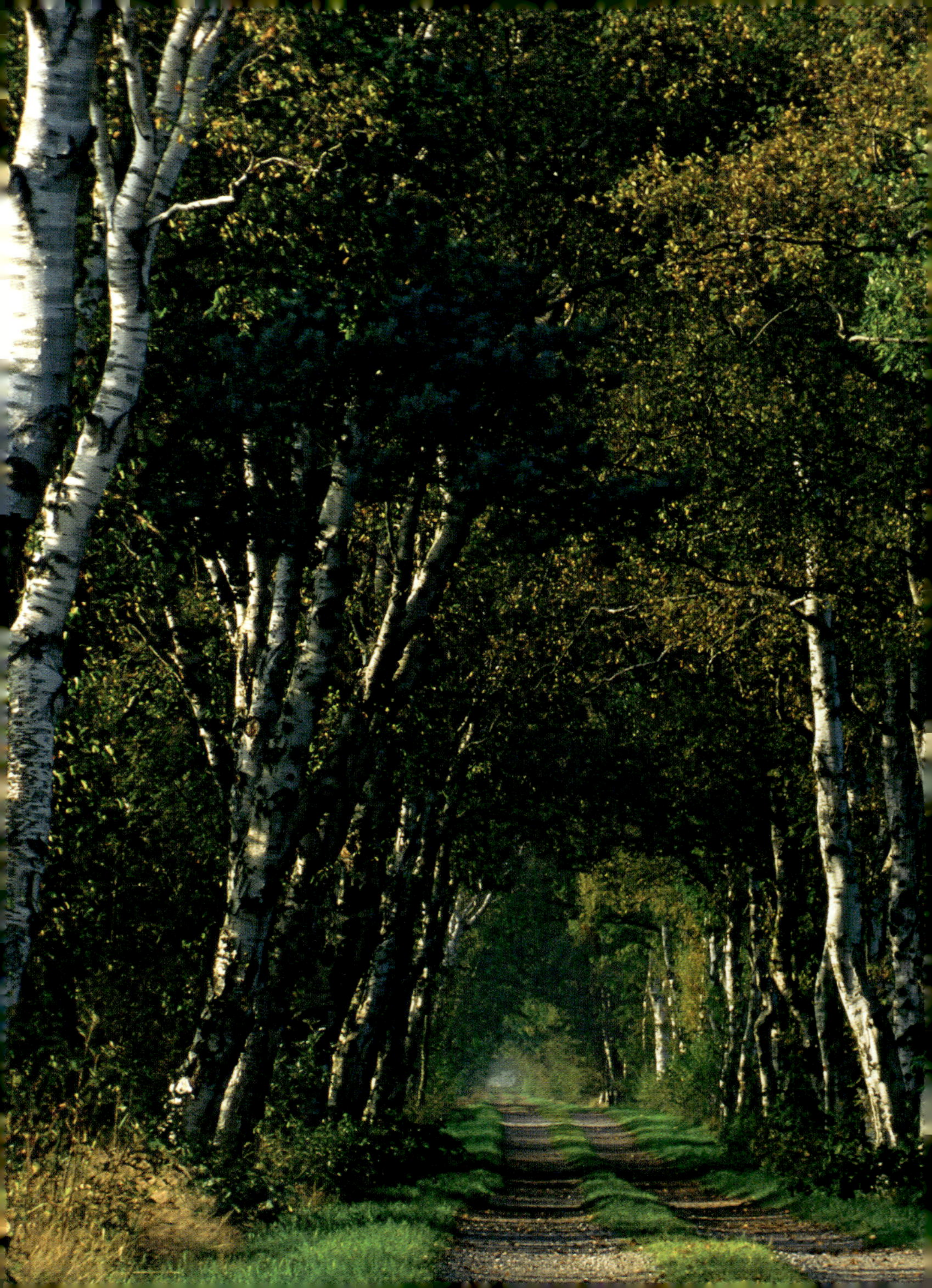

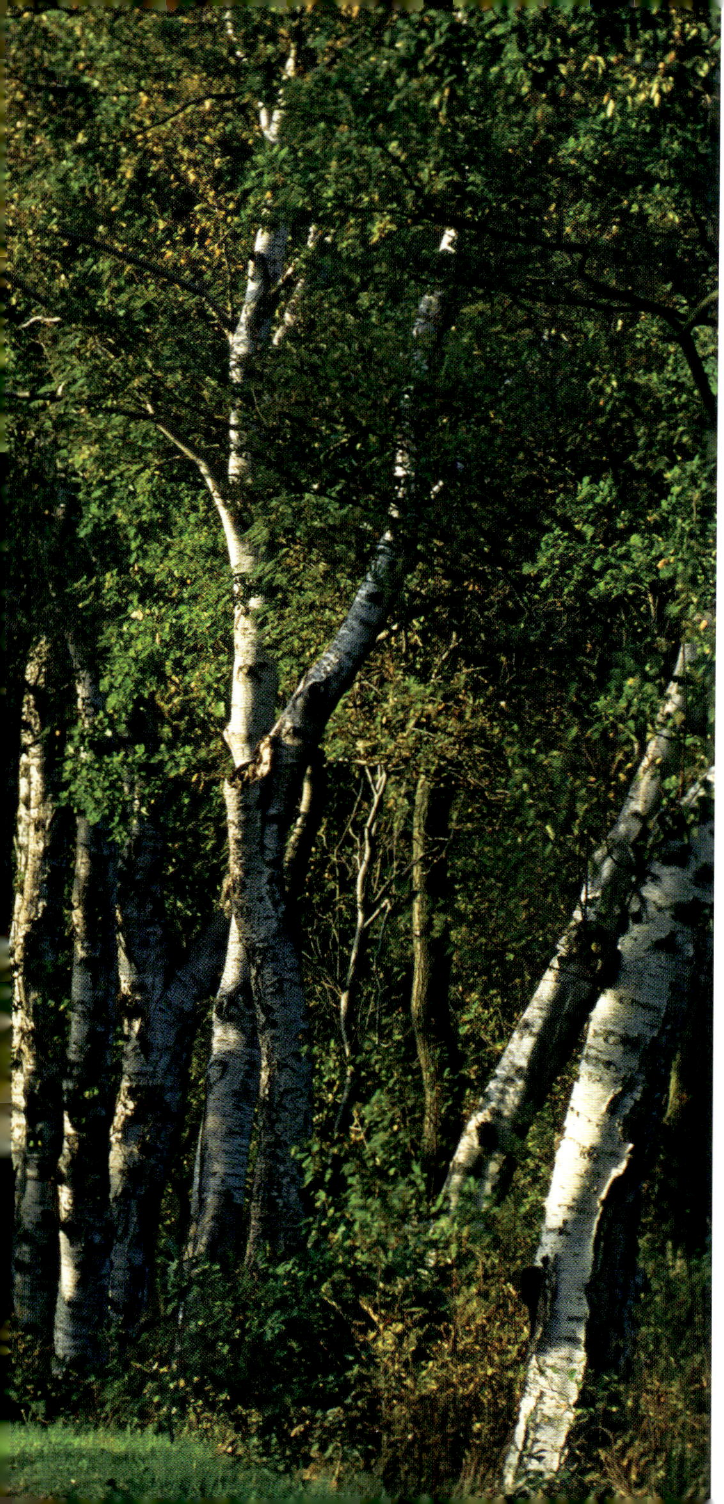

Die Maler von Worpswede haben die Birkenalleen dieser Landschaft berühmt gemacht. Paula Becker liebte es, durch diese Alleen zu wandern. Sie war eine begeisterte Spaziergängerin, und die Birken waren ihr die hellsten Wegweiser.

Nächste Doppelseite: Die Lichtstimmungen über der Wümmeniederung sind immer wieder gemalt, beschrieben, fotografiert worden. Die Farben sind von einer Harmonie, die auch Paula Modersohn-Becker lieben lernte bei ihren endlosen Streifzügen unter dem hohen Himmel, der über dieser melancholischen Landschaft schwebt.

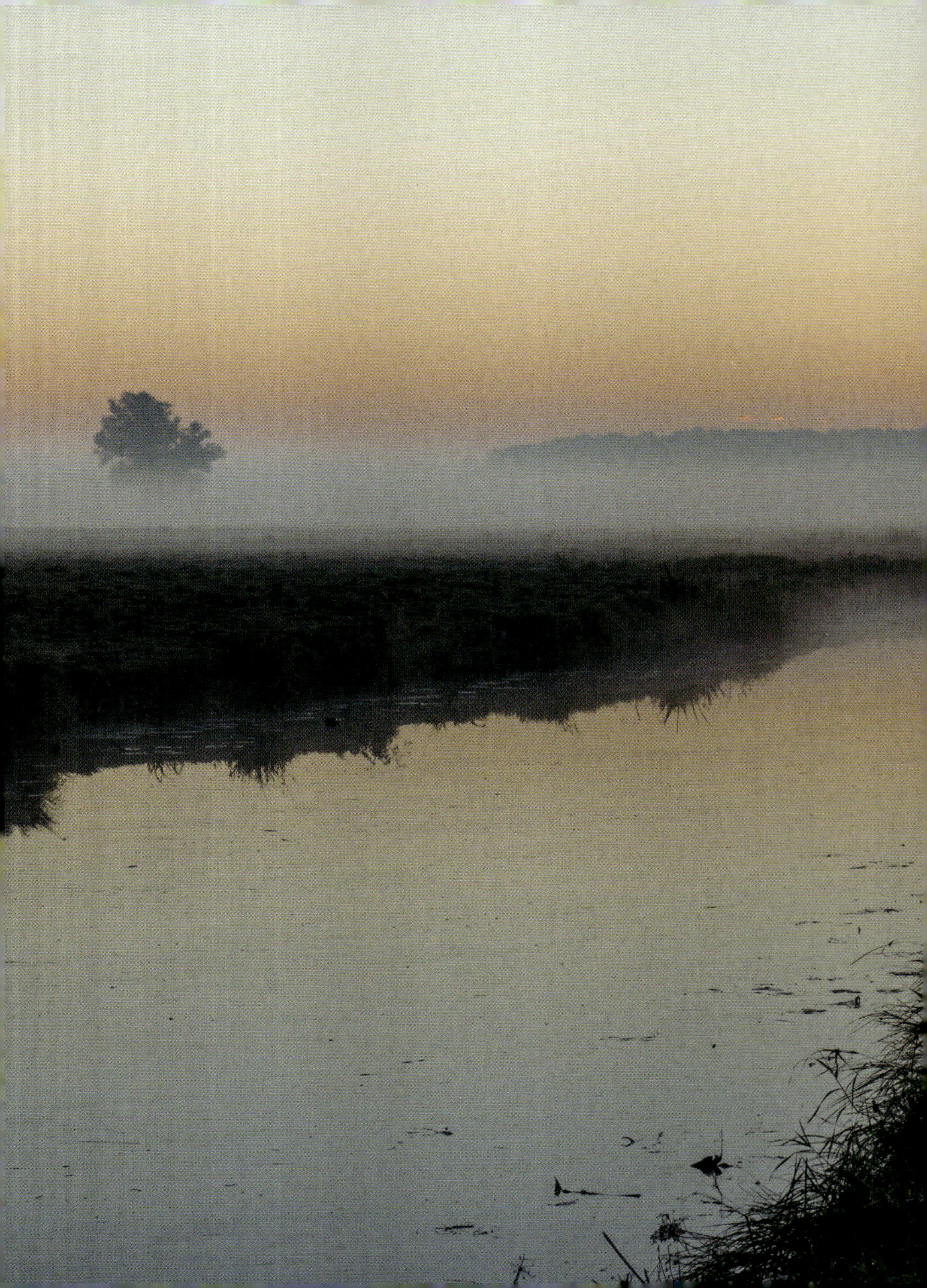

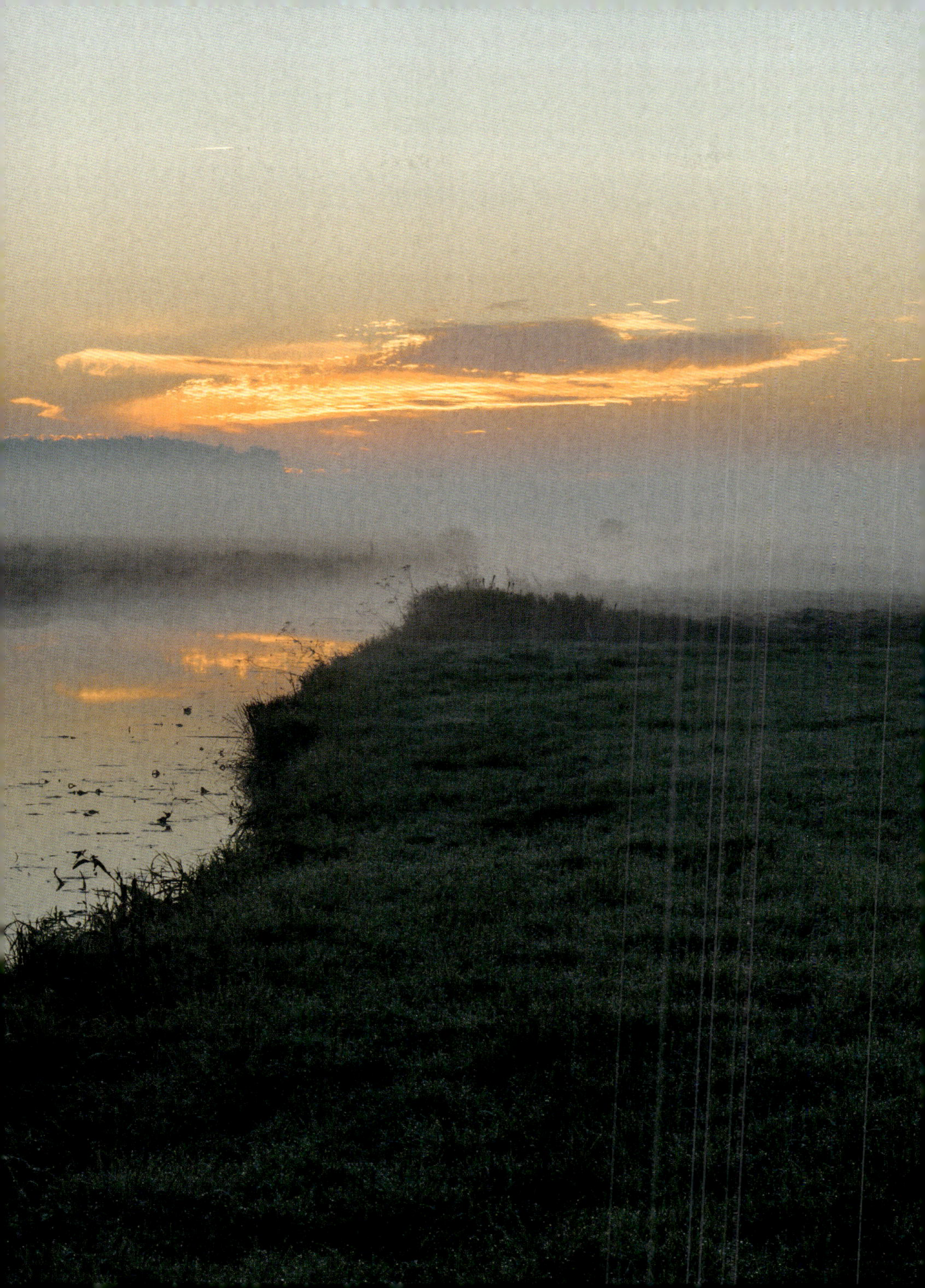

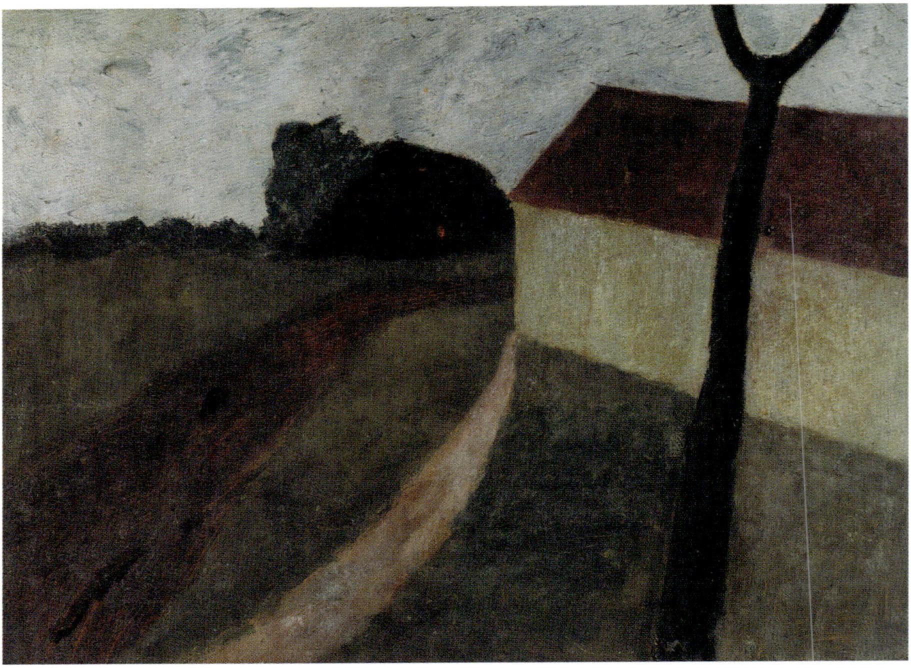

Paula Modersohn-Becker abstrahierte immer stärker und komponierte Mensch und Natur als große Formen in farbigem Licht.

„Dämmerungslandschaft mit Haus und Astgabel", um 1900, Pappe, 42,5 x 55,7 cm, Kunsthalle Bremen

Etwa zur gleichen Zeit wie obiges Bild entstand der Moorkanal (rechts). Nicht nur die architektonischen Elemente, sondern auch die schnurgeraden Gräben und Kanäle der Moorlandschaft waren für die Künstlerin Anhaltspunkte der geometrischen Gliederung.

„Moorkanal", um 1900, Leinwand (ursprünglich Pappe, um 1960 auf Leinwand übertragen), 53 x 32,5 cm, Kunsthalle Bremen

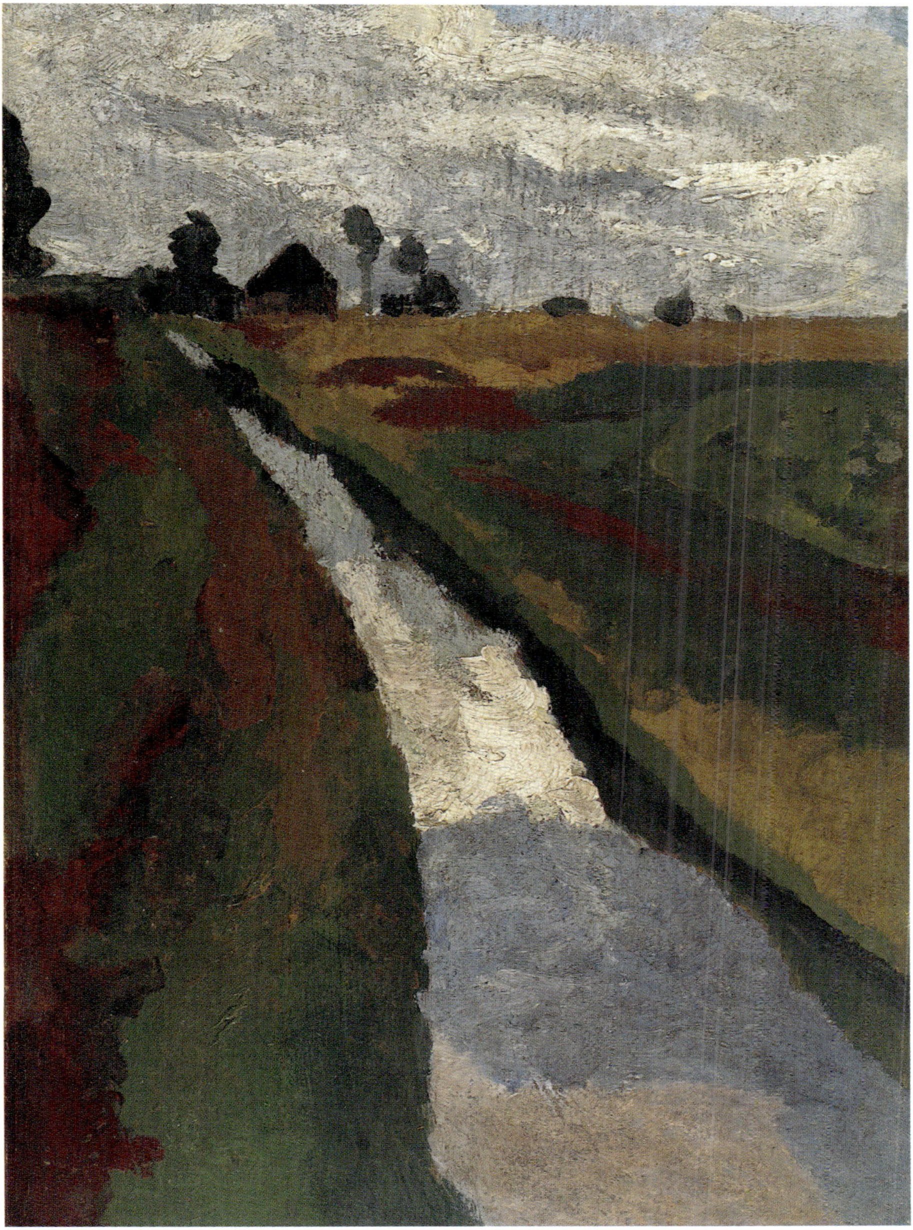

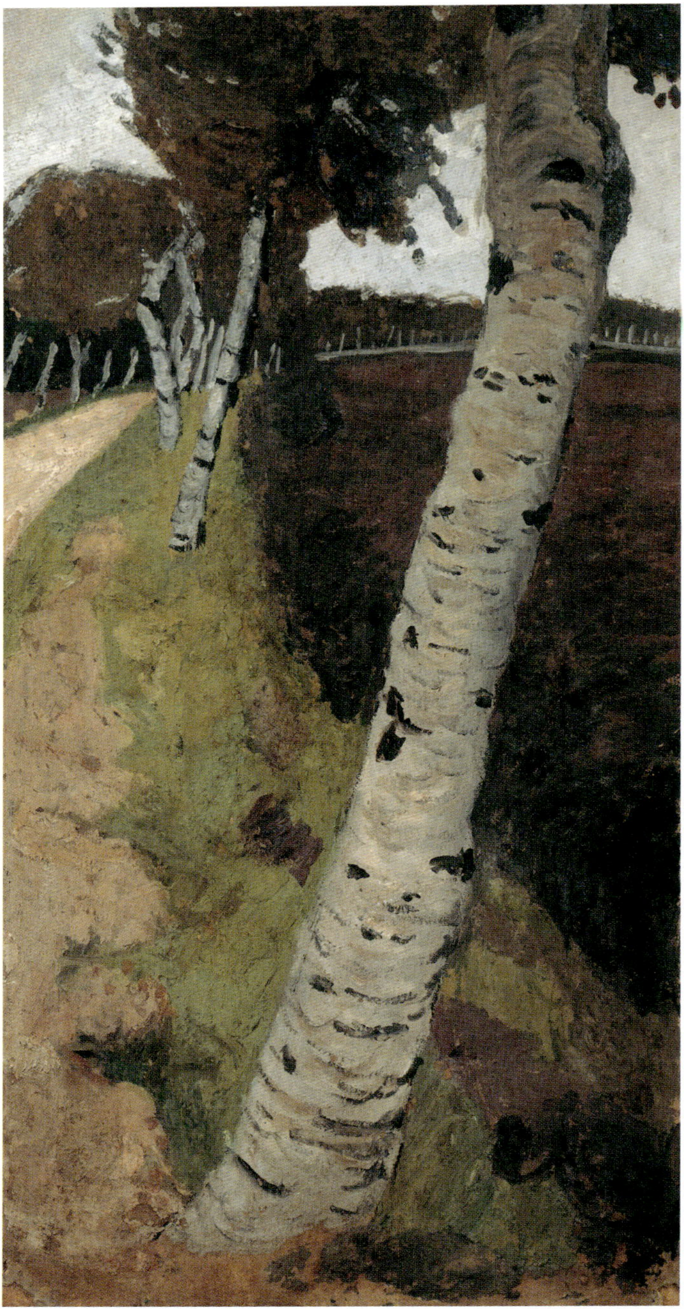

Von dem Jugendstilmeister Heinrich Vogeler entwirft sie ein liebevolles Porträt: „Ein reizender Kerl, ein Glückspilz. Das ist mein ganzer Liebling. Er ist nicht so ein Wirklichkeitsmensch wie Mackensen, er lebt in einer Welt für sich. Er führt bei sich in der Tasche Walther von der Vogelweide und ‚Des Knaben Wunderhorn'. Darin liest er fast täglich. Er träumt darin täglich. Er liest jedes Werk so intensiv, den Sinn des Wortes so träumend, daß er das Wort selbst vergißt. So kommt es, daß er trotz des vielen Lesens keins der Gedichte auswendig weiß. Im Atelier in der Ecke steht seine Gitarre.

Darauf spielt er verliebte alte Weisen (...). Seine Bilder haben für mich etwas Rührendes. Er hat sich die altdeutschen Meister zum Vorbild genommen. Er ist ganz streng, steif streng in der Form."

Über den Mann, der ihr Schicksal entscheidend mitbestimmen wird, äußert sie sich eher vage und sehnsüchtig: „Da ist noch der Modersohn. Ich habe ihn nur einmal gesehen und da auch leider wenig gesehen und gar nicht gefühlt. Ich habe nur in der Erinnerung etwas Langes in braunem Anzug mit rötlichem Bart. Er hat so etwas Weiches, Sympathisches in den Augen. Seine Landschaften, die ich auf den Ausstellungen sah, hatten tiefe, tiefe Stimmung in sich. Heiße, brütende Herbstsonne, oder geheimnisvoll süßer Abend. Ich möchte ihn kennen-

Diese „Landstraße mit Birken" entstand im Jahr 1901. Paula Modersohn-Becker fühlte sich in der Moor- und Heidelandschaft von Worpswede zu Hause. In ihrem umfänglichen Œuvre von mehr als 700 Gemälden ist aber nur ein kleiner Teil diesem Thema gewidmet. In ihren späten Schaffensjahren malte sie keine Landschaften mehr.

„Landstraße mit Birken", um 1901, Pappe, 73 x 37,2 cm, Paula Modersohn-Becker Stiftung, Bremen

lernen, diesen Modersohn." Ob sie wusste, dass der Maler kurz vor seiner Hochzeit mit Helene Schröder stand, ist unbekannt.

Die Verkehrswege waren kurz vor der Jahrhundertwende zwischen Bremen und Worpswede noch recht schlicht: ein Sandpfad für Pferdekutschen und ein schmaler Kanal, auf dem die im Moor gestochenen Torfballen in die Hansestadt transportiert wurden. In den folgenden Jahren sollte die junge Paula den mehr als 20 Kilometer langen Weg nach Bremen immer wieder auch zu Fuß wandern, etwa wenn in der Familie ein Fest gefeiert wurde oder ein Krankenbesuch anstand.

Wie das Atelier aussah, das sich Paula Becker im September 1898 in Worpswede einrichtete („neben Boltens Villa, nettes helles Stübchen, Kammer wird angebaut"), beschrieb später die jüngere Ottilie Reylaender: „Den hellen niedrigen Raum hatte sie sich selbst leuchtend zitronengelb und ultramarinblau angestrichen, dergestalt, dass die Wand in zwei Hälften geteilt war: die untere blau, die obere gelb. Ein kleines Pult, ein Tisch und ein paar Bauernstühle außer der großen Staffelei, das waren die einzigen Gegenstände – aber mir fielen sofort die ulkigen irdenen Töpfe an dem langen Fenster auf mit ihren Lieblingen, riesenhaften fleischigen Sumpfdotterblumen."

Leuchtend zitronengelb und ultramarinblau. Die Farben ihres Atelier-Ambientes waren durchaus nicht identisch mit denen ihrer damaligen Malpalette. In ihrer frühen Worpsweder Zeit zeichnete Paula Becker viel draußen in der Landschaft. Der Kontakt zu dem Lehrer Mackensen, den der Vater geknüpft hatte, erweist sich als fruchtbar, allerdings mehr im Widerstand gegen die Vorstellungen des arrivierten Künstlers als durch nützliche Impulse in die Richtung, die Paula selbst vorschwebte. Ihre Bilder sollten eine eigene Wirklichkeit, innere Wahrheit bekommen, die mit dem reinen Abbilden von Natur nichts mehr zu tun hatte.

Ein Schlüsselbild dieser früheren Jahre ist das Gemälde „Sandkuhle am Weyerberg", datiert 1899. Die in lockerer Geometrie angeordnete Landschaft wird durch die beiden schräg laufenden Parallelen zweier heller Sandhügel bestimmt, durch die eine hell-dunkel gefleckte Fläche hindurchführt. Günter Busch, der sich als Leiter der Kunsthalle Bremen nach dem Zweiten Weltkrieg große Verdienste um die Wiederentdeckung des Werks von Paula Modersohn-Becker erwarb, würdigte dieses Gemälde als einen „Cézanne avant Cézanne". Je gründlicher man versuche, in die Voraussetzungen ihrer Kunst und ihrer künstlerischen Entwicklung einzudringen, umso mehr gelange man zu der Erkenntnis, dass sie gleichsam nachtwandlerisch das für sie Fruchtbare ergriffen hat, um es sogleich dem eigenen Wol-

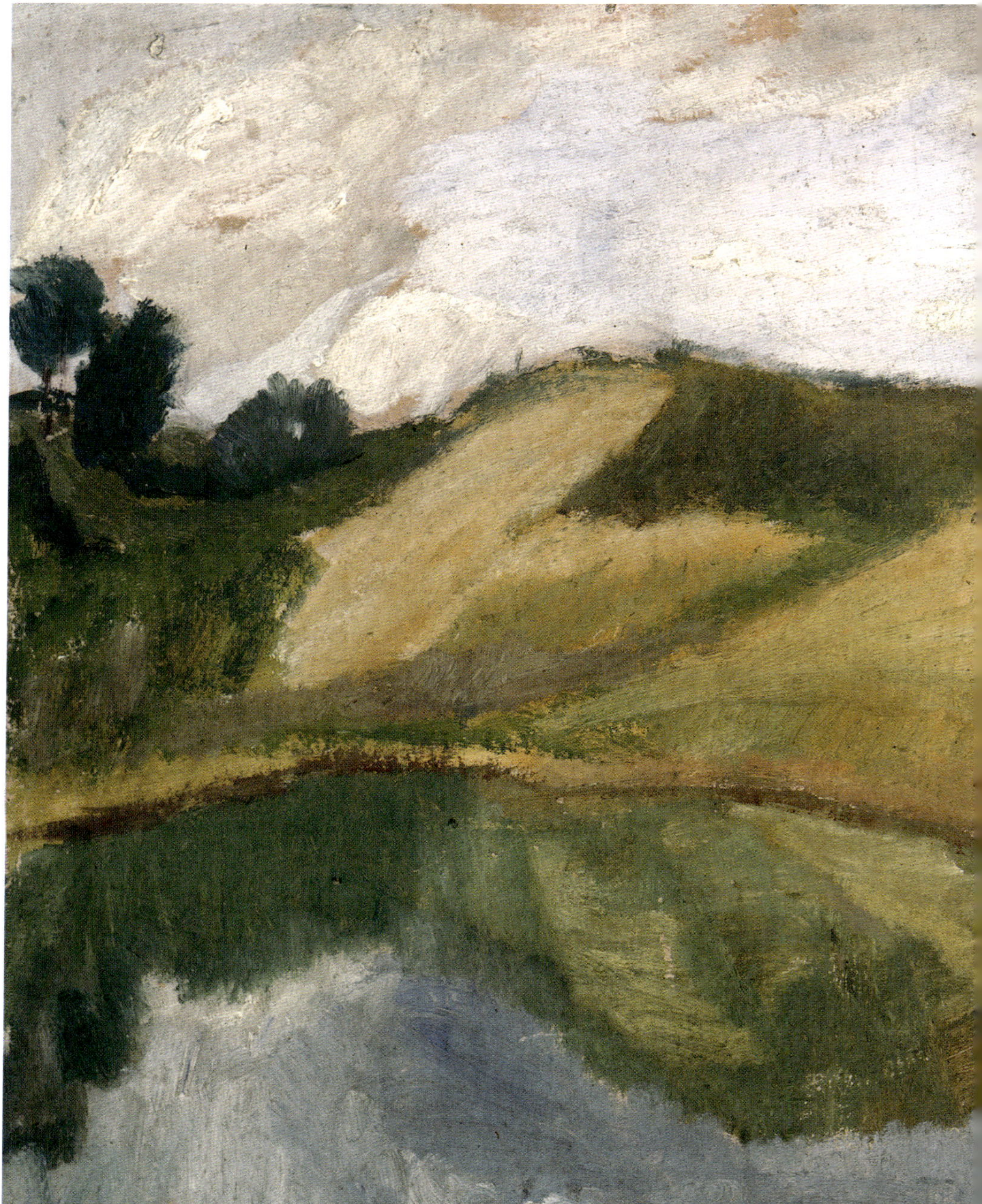

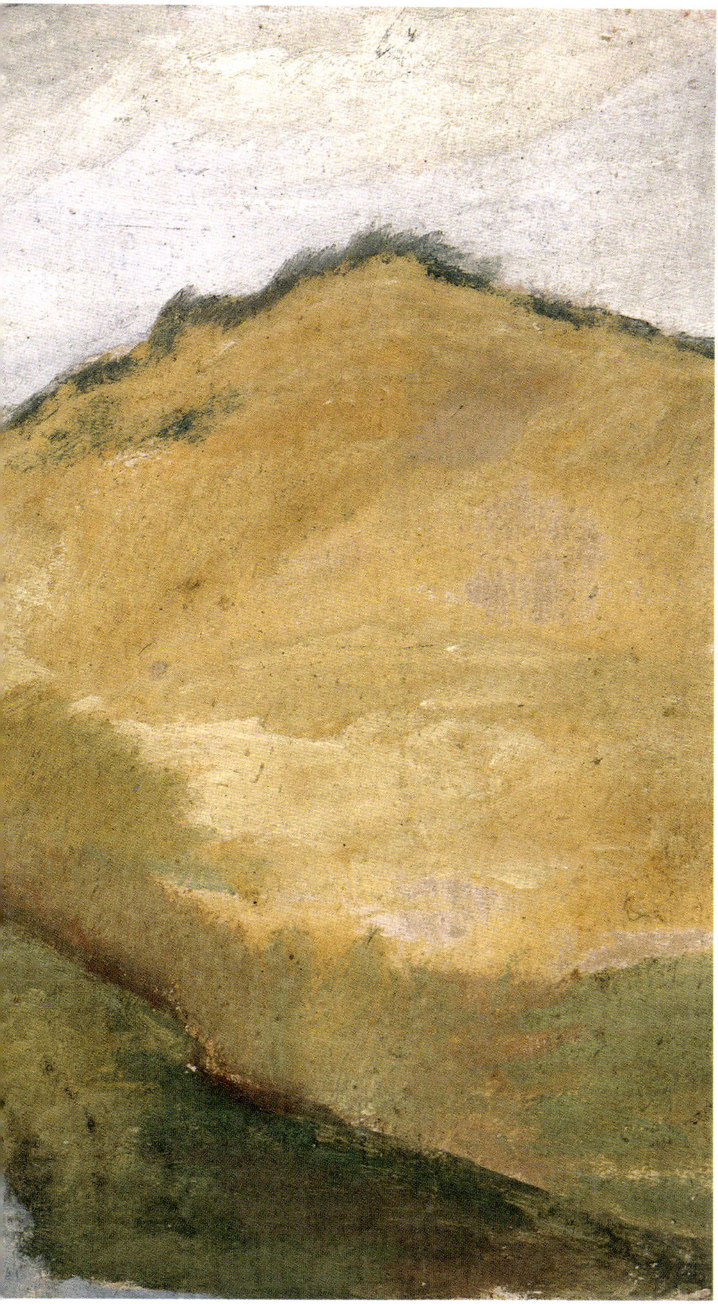

Seit 1889 malte Paula Becker häufig herausragende Landschaftsbilder. Der aus der Eiszeit übrig gebliebene Hügel war und ist ein Lieblingsplatz der Worpsweder. Paula Becker hat in den Briefen an ihre Familie immer wieder geschrieben, wie schön es für sie war, am Weyerberg ungestört lesen, träumen und arbeiten zu können.

„Sandkuhle", 1901, Pappe, 40 x 54,5 cm, Paula Modersohn-Becker Stiftung, Bremen

len ganz einzuschmelzen. Busch erklärt den Vorgriff auf Cézanne, den das Gemälde „Sandkuhle am Weyerberg“ darstellt, auch damit, dass die Malerin von ihrer speziellen Begabung her ein besonderes Organ für die verborgenen architektonischen Strukturen im scheinbar Ungestalteten besessen habe.

Die Sandkuhle war ein Lieblingsplatz der jungen Künstlerin. Hier konnte sie ungestört lesen, träumen und arbeiten. Aber sie wanderte auch gerne allein durch die Landschaft, die der Dichter Rainer Maria Rilke, als er im Jahr 1900 zum ersten Mal nach Worpswede kam, so schön beschrieb: „Worpswede ist flaches Land mit Birkenalleen, alten Bauernhäusern, Rosenbüschen und Vogelbeerbäumen. Der Boden teilt sich zwischen roter Erikaheide, die wunderbar duftet, und dem seltsamen von Kanälen durchschnittenen Moorland. Worpswede ist berühmt durch die Klarheit und die Farbigkeit seiner Luftstimmungen und durch die Pracht der Wolken.“

Der Dichter sah die Landschaft. Die Menschen, die in ihr ansässig waren, nahm er nicht wahr. Für die Menschen in dem Moor- und Heidedorf aber hatte Paula Becker einen Blick wie niemand sonst ihrer Kollegen in der Künstlerkolonie. Sie besuchte die Kinder, die Frauen, die Alten, die ihr in dem bitterarmen Dorf auf der Straße begegneten, in ihren Bauernkaten und Häuslerstuben. Sie kam nicht als Sozialarbeiterin, sondern als Künstlerin. Natürlich half sie auch, bat die Mutter in Bremen um abgelegte Kleidung für ihre Worpsweder, unterstützte die Armen nicht zuletzt durch das geringe Modellgeld, das sie zahlen konnte. Aber vor allem wollte sie die Menschen zeichnen und malen.

Die Bilder schockierten Freunde und Familie, soweit sie überhaupt Notiz davon nahmen. Als Otto Modersohn bereits zwei Jahre mit der Künstlerin verheiratet war, schrieb er erbittert in sein Tagebuch: „Paula hasst das Konventionelle und fällt nun in den Fehler, alles lieber eckig, häßlich, bizarr, hölzern zu machen. Die Farbe ist famos – aber die Form? Der Ausdruck! Hände wie Löffel, Nasen wie Kolben, Münder wie Wunden, Ausdruck wie Cretins. Sie ladet sich zuviel auf. Zwei Köpfe, vier Hände auf kleinster Fläche, unter dem thut sie es nicht und dazu Kinder. Rat kann man ihr schwer erteilen, wie meistens."

Was Otto so tadelte, hatte die Künstlerin von vornherein im Sinn. Sie wollte Menschen nicht niedlich oder beschönigend, sondern wahrhaftig darstellen. Dabei war ihr Blick klar und unsentimental. Sie hatte keine Berührungsängste, näherte sich vielmehr ihren Modellen mit offenen Augen. Die Würde, die sie ihnen gab, lag in der großen Ernsthaftigkeit, mit der sie aus einem Porträt ein allgemeingültiges Bild schuf, dessen Bedeutung über den reinen Porträtanlass weit hinausreichte.

Dieses Gemälde „Alte Armenhäuslerin im Garten mit Glaskugel und Mohnblumen“ von 1907 zeigt den künstlerischen Weg, den die Malerin gehen wollte, der jedoch durch ihren frühen Tod jäh abgeschnitten wurde. Das Bild aus der ehemaligen Sammlung Roselius hängt heute im Museum in der Böttcherstraße.

„Alte Armenhäuslerin im Garten mit Glaskugel und Mohnblumen“, 1907, Leinwand, 96,3 × 80,2 cm, Museen Böttcherstraße, Paula Modersohn-Becker Museum, Bremen

Im Armenhaus von Worpswede zeichnete sie die Alten und hörte ihnen zu. Ihren Eltern berichtet sie von dem alten v. Bredow, der eigentlich studiert habe, dann als Totengräber bei der Choleraepidemie in Hamburg diente, anschließend sechs Jahre als Matrose zur See gefahren sei und nun als armer Philosoph in Worpswede eine Kuh hüte.

Die bucklige alte Anna Dreebeen (Dreibein) aus dem Armenhaus bleibt bis in die letzten Lebensmonate von Paula Modersohn-Becker ihr Modell. 1907 malt sie sie in einem Mohnbeet sitzend. Das Bild ist heute eins der stärksten Werke im Becker-Modersohn-Haus in der Bremer Böttcherstraße. Heinrich Vogeler berichtete von dem Sturm der Entrüstung, als das Bild nach dem Tod der Künstlerin zum ersten Mal ausgestellt wurde. Und so beschreibt er es: „Breit sitzt diese derbe Armenhäuslerin in einem Mohnblumenbeet. Ein auf einen Stock umgestülpter dicker blaugrüner Schwefelsäureballon bildet die ‚architektonische Zierde‘ des Blumenbeetes. Die Kraft und die Kühnheit, mit der die gewagtesten Farbenakkorde zueinanderstehen, die gelbe leuchtende Luft des Hintergrundes, die Rosas, Rots und Grüns der Mohnblumen, zwischen diesen sitzend die Alte in ockerfarbener Jacke mit einem schwarzen durchscheinenden Hut aus Ziegenhaar, dessen durchbrochener Rand wie ein negativer Heiligenschein den Kopf umrahmt – alles dies,

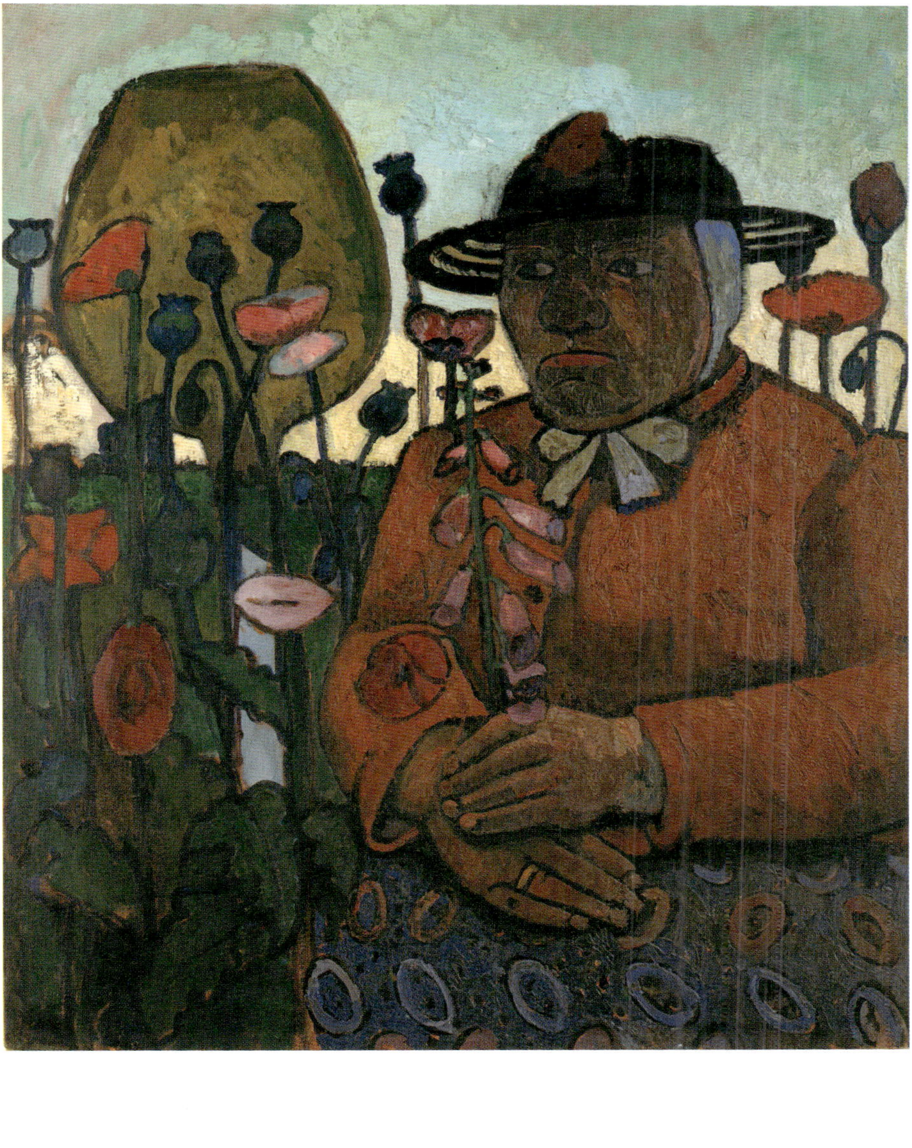

Paula Becker hatte mit der jungen Bildhauerin Clara Rilke-Westhoff bereits bei ihrem ersten Aufenthalt in Worpswede 1897 eine gleichgesinnte Freundin gefunden, die sie in diesem Gemälde porträtierte.

„Brustbild der Bildhauerin Clara Rilke-Westhoff", 1905, Leinwand, 52 x 36,8 cm, Hamburger Kunsthalle

gezeichnet und gemalt mit einer leidenschaftlichen, breiten, ganz schlichten Sicherheit, ist wirklich erregend."

Die Begeisterung Vogelers ist echt. So erwarb er im Jahr 1906 als erstes Bild einer kleinen Paula-Modersohn-Becker-Sammlung eines ihrer Stillleben. Die aparte, lebenslustige, sprühende Paula Becker hatte schnell ihren Platz in der Künstlergemeinschaft gefunden, für ihre Kunst interessierte sich jedoch sonst kaum jemand. Ein kleiner Trost waren die beiden Freundinnen Ottilie Reylaender und Clara Westhoff. Als Paula Becker der zwei Jahre jüngeren Bildhauerin Clara Westhoff, die bei Max Klinger in Leipzig gelernt hatte, zum ersten Mal begegnete, war sie auf Anhieb fasziniert: „Groß und prachtvoll anzuschauen ist sie und so ist sie als Mensch und so ist sie als Künstlerin." Sie erkor sich die Jüngere spontan zur Freundin.

„Heute nachmittag stakte mich Fräulein Westhoff weit die Hamme hinauf. Wir pflückten gelbe Schwertlilien, schwammen, fühlten uns selig in dem nassen Element und steckten uns gelbe Wasserrosen ins Haar", schreibt Paula aus diesen ungebrochen schönen Freundschaftstagen an die Mutter. Manchmal arbeiteten die beiden Freundinnen nach demselben Modell. Clara schuf zwei Porträtbüsten von Paula. Paula malte eines ihrer herausragendsten späten Porträts von der Freundin (1905), auf dem

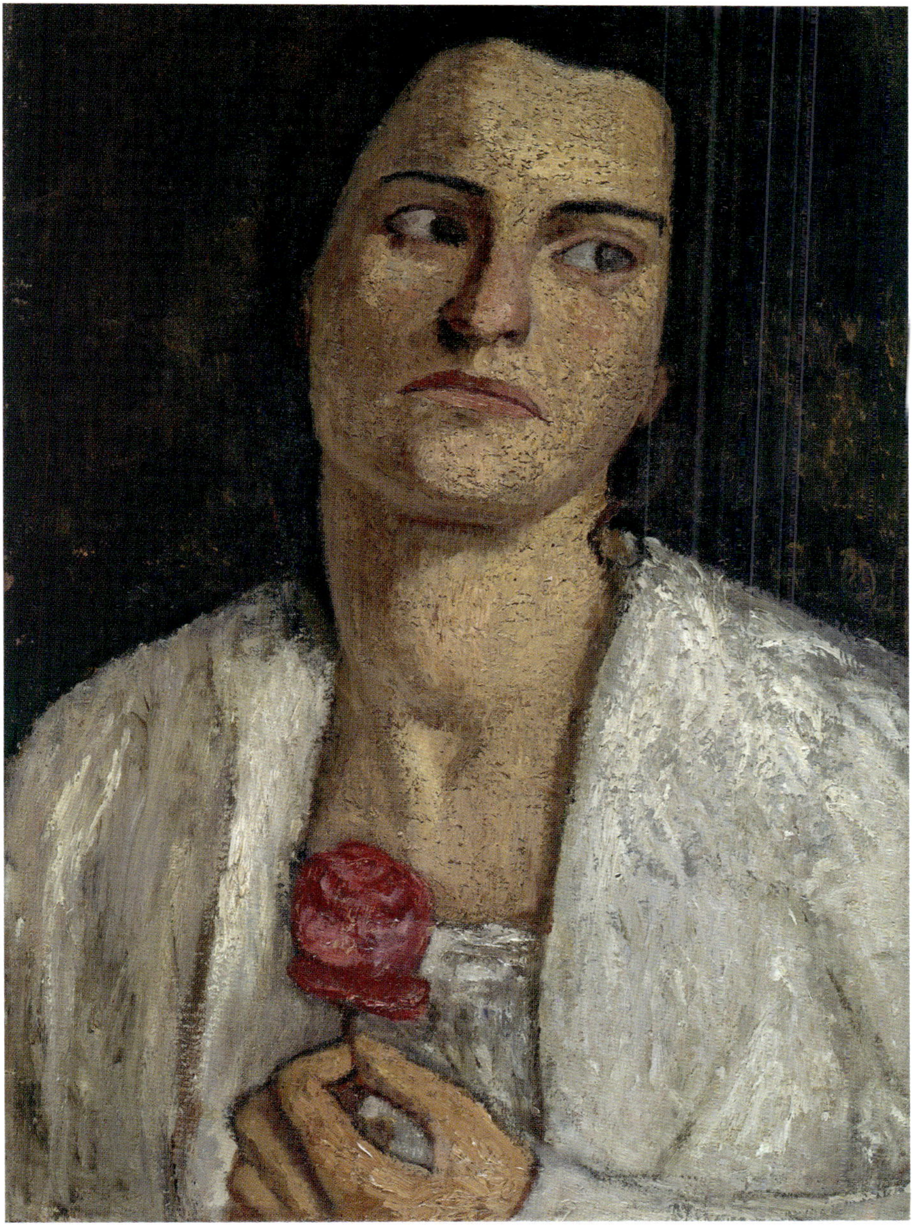

Clara Westhoff in der strengen Anordnung der hellen und dunklen Flächen eine rote Rose vor der Brust hält.

Anfang 1899 schreibt Paula Becker in ihr Tagebuch ein Zitat aus Nietzsches „Zarathustra": „Man muß sich selber lieben lernen – also lehre ich – daß man es bei sich selber aushalte und nicht umherschweife." In einem Brief an die Eltern ist zu lesen: „Ich glaube, ich werde mich von hier fortentwickeln. Die Zahl derer, mit denen ich es aushalten kann, über etwas zu sprechen, was meinem Herzen und meinen Nerven nahe liegt, wird immer kleiner werden." Sie fühlt, dass Fritz Mackensen nicht der rechte Lehrer für sie ist. Im Sommer macht sie eine ausgedehnte Kunstreise durch die Schweiz und Süddeutschland. Im Dezember werden einige Studien in Kohle und Öl von ihr in der Bremer Kunsthalle gezeigt und von dem hansestädtischen Kunstpapst Arthur Fitger so maßlos und unangemessen niedergemacht, als gelte es, die gesamte aufbrechende Moderne zu vernichten. „Unqualifizierbare Leistungen" – „Arbeiten, für die der Wörterschatz einer reinlichen Sprache nicht ausreicht" – „Ekelgeschichte".

Paula Becker zeigt sich nach außen hin wenig beeindruckt von dieser Kritik. Zu Beginn des Jahres 1900, in der Silvesternacht, bricht sie nach Paris auf. Ein Plan, der schon lange in ihr geschlummert hatte. In Paris wartet auch schon Clara Westhoff, die Schülerin bei dem hoch angesehenen Bildhauer Auguste Rodin geworden ist.

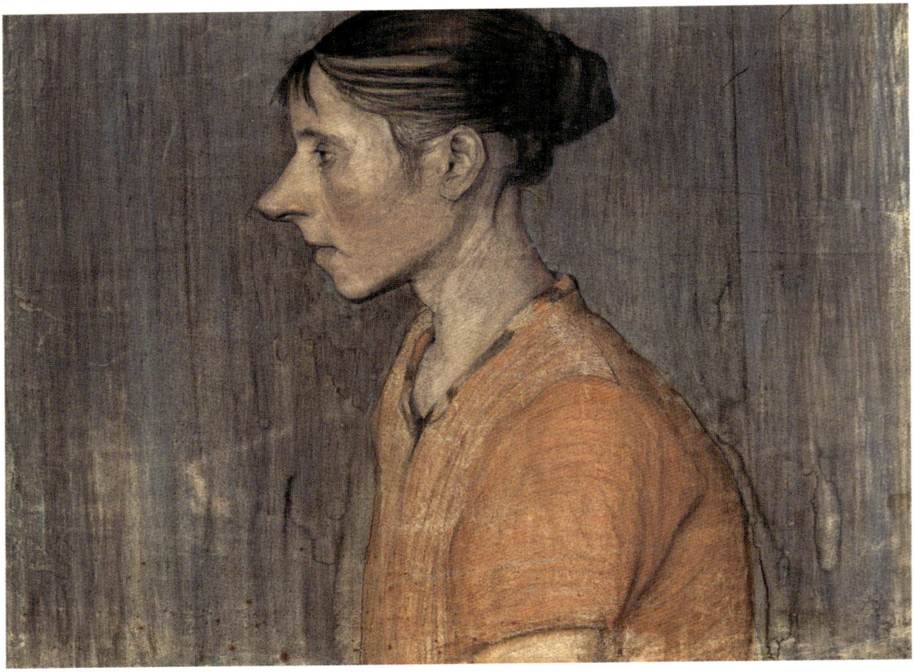

Am meisten war die Malerin an Menschen interessiert. Während des Studiums in Berlin hatte sie gelernt, Gesichter genau zu beobachten. In Worpswede ging sie in die Bauernkaten und holte sich ihre Modelle vor die Staffelei. Die „Frau mit roter Bluse" malte sie 1898/99.

„Frau mit roter Bluse", 1898/1899, Farbkreide und Rötel, 51 x 65,8 cm, Privatbesitz, Bremen

Etwa in derselben Zeit wie „Frau mit roter Bluse" entstand dieses Bildnis eines Bauernmädchens. Das anrührende Porträt der Halbwüchsigen verrät viel von dem harten Leben der Bauern in der damaligen Zeit. Das geringe Modellgeld, das die Malerin zahlen konnte, war oft höchst willkommen. Es fällt auf, dass die Künstlerin sehr viel mehr Mädchen und Frauen im Bild festhielt. Eher selten standen ihr Jungen oder Männer Modell.

„Sitzendes Bauernmädchen im Profil nach links", 1899, Farbkreide und Rötel, 49,7 x 36,2 cm, Privatbesitz, Bremen

Nächste Doppelseite:
Hoch türmen sich die Wolkenberge über der Worpsweder Landschaft – wie hier in der Nähe des Borgfelder Deiches. Ein Paradies für die Tier- und Pflanzenwelt und für die ganz wenigen Menschen, die diese unendliche Weite der Wümmemarschen für sich entdeckt haben.

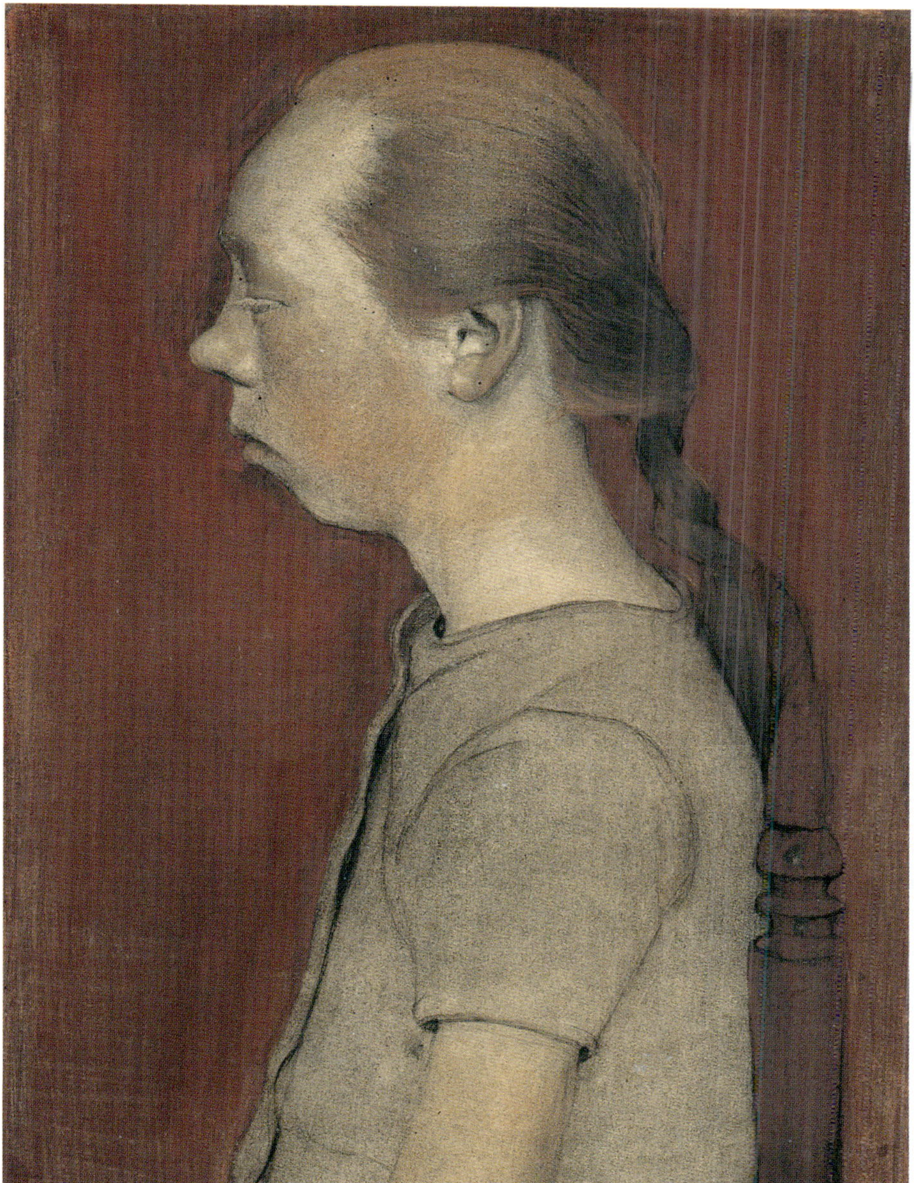

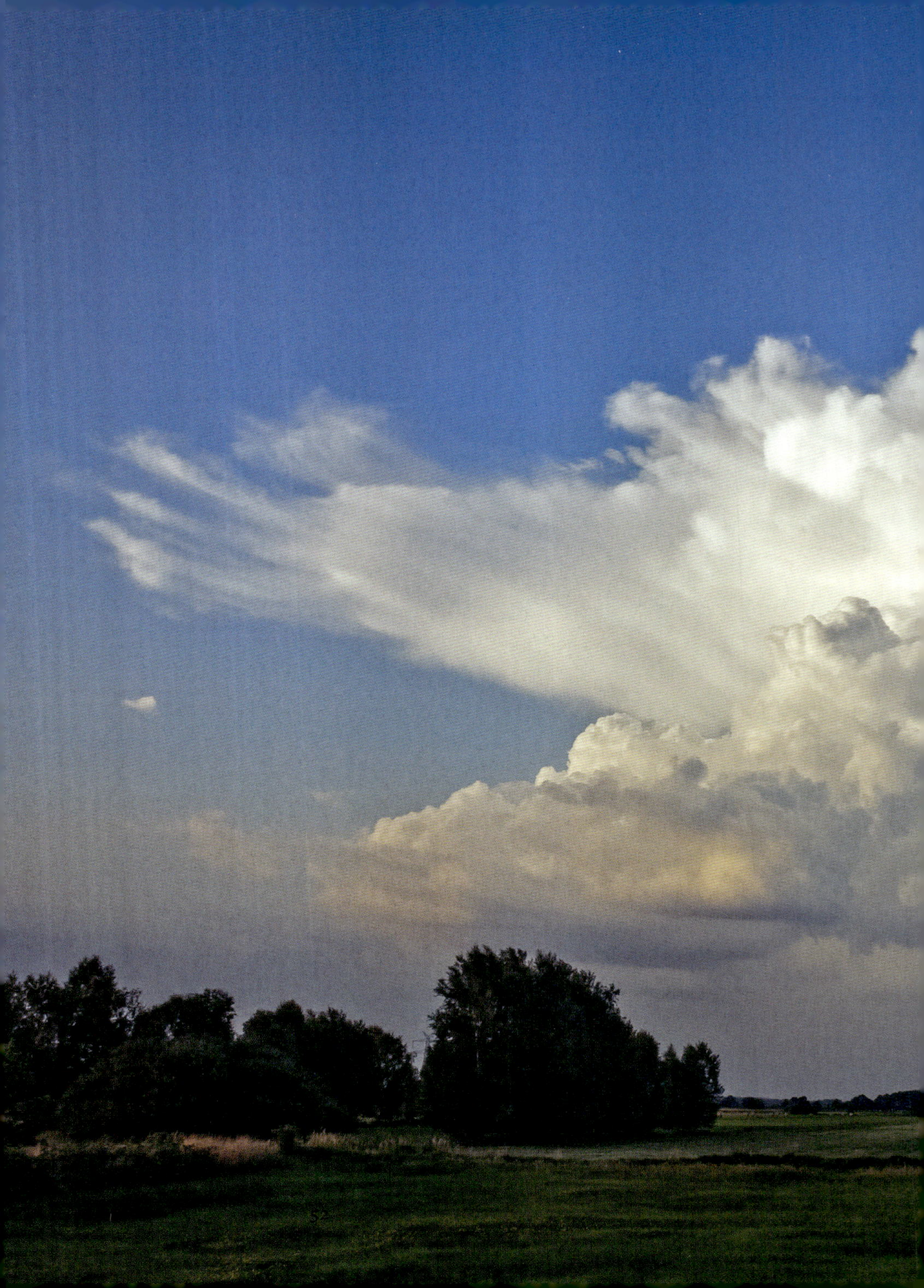

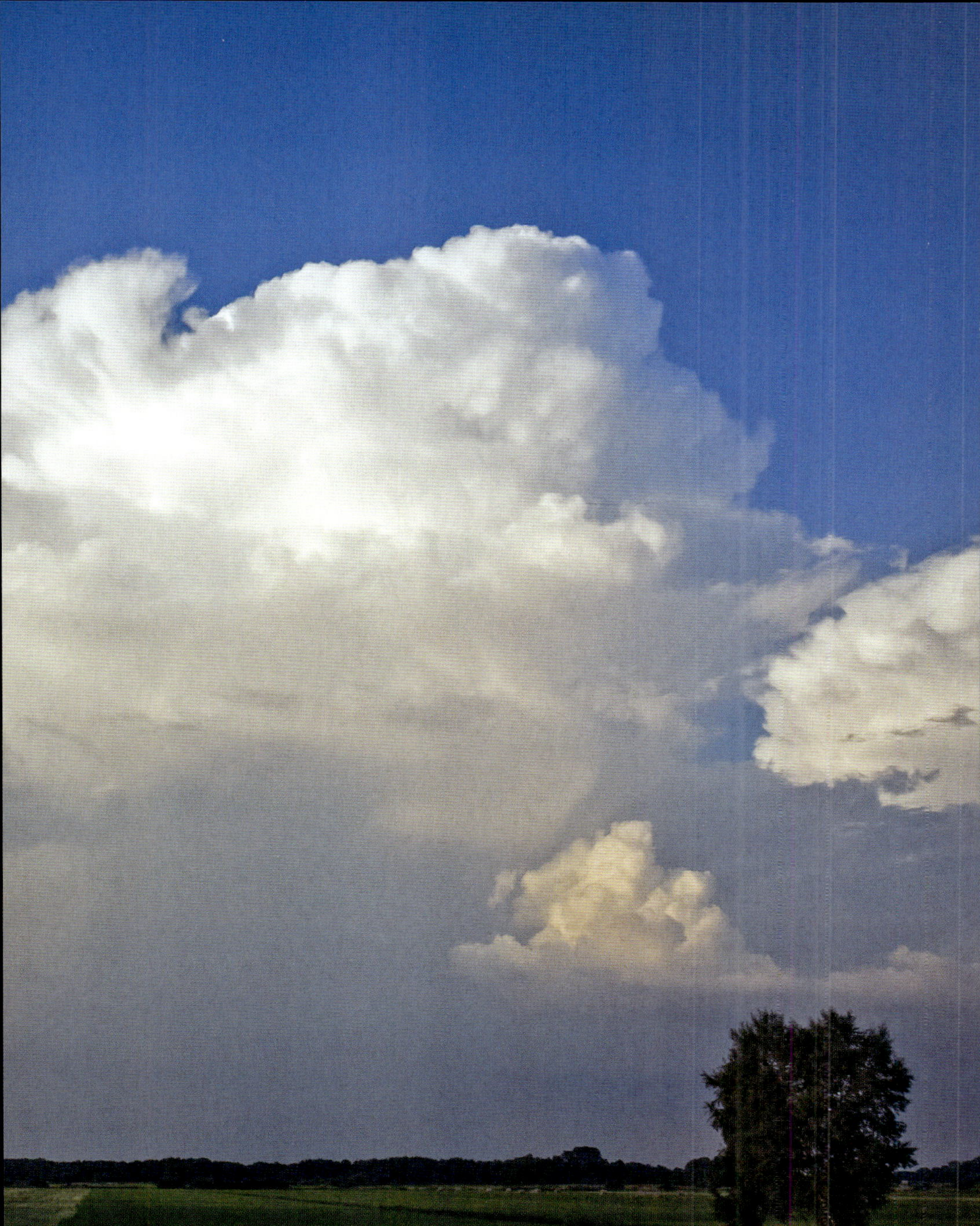

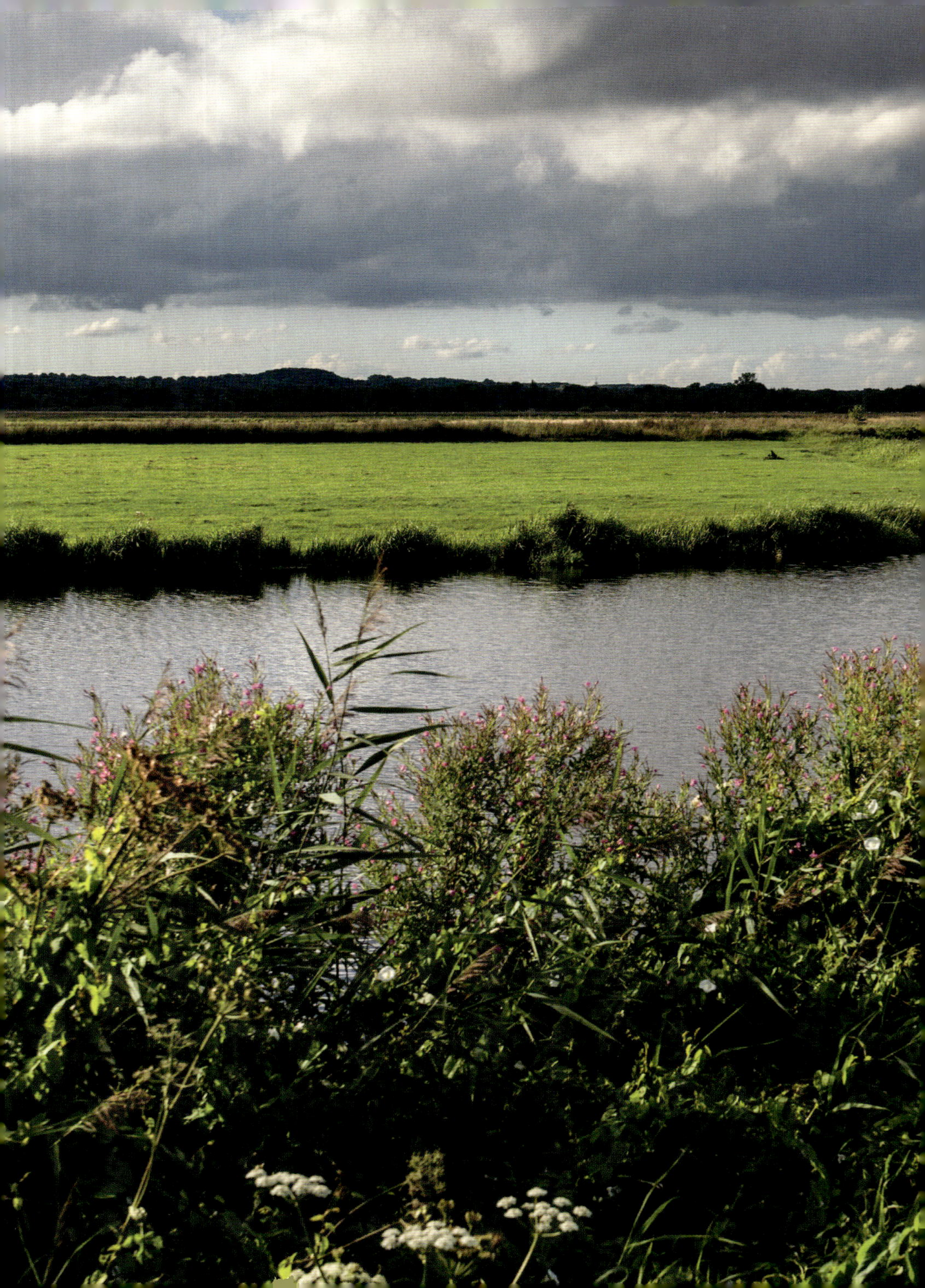

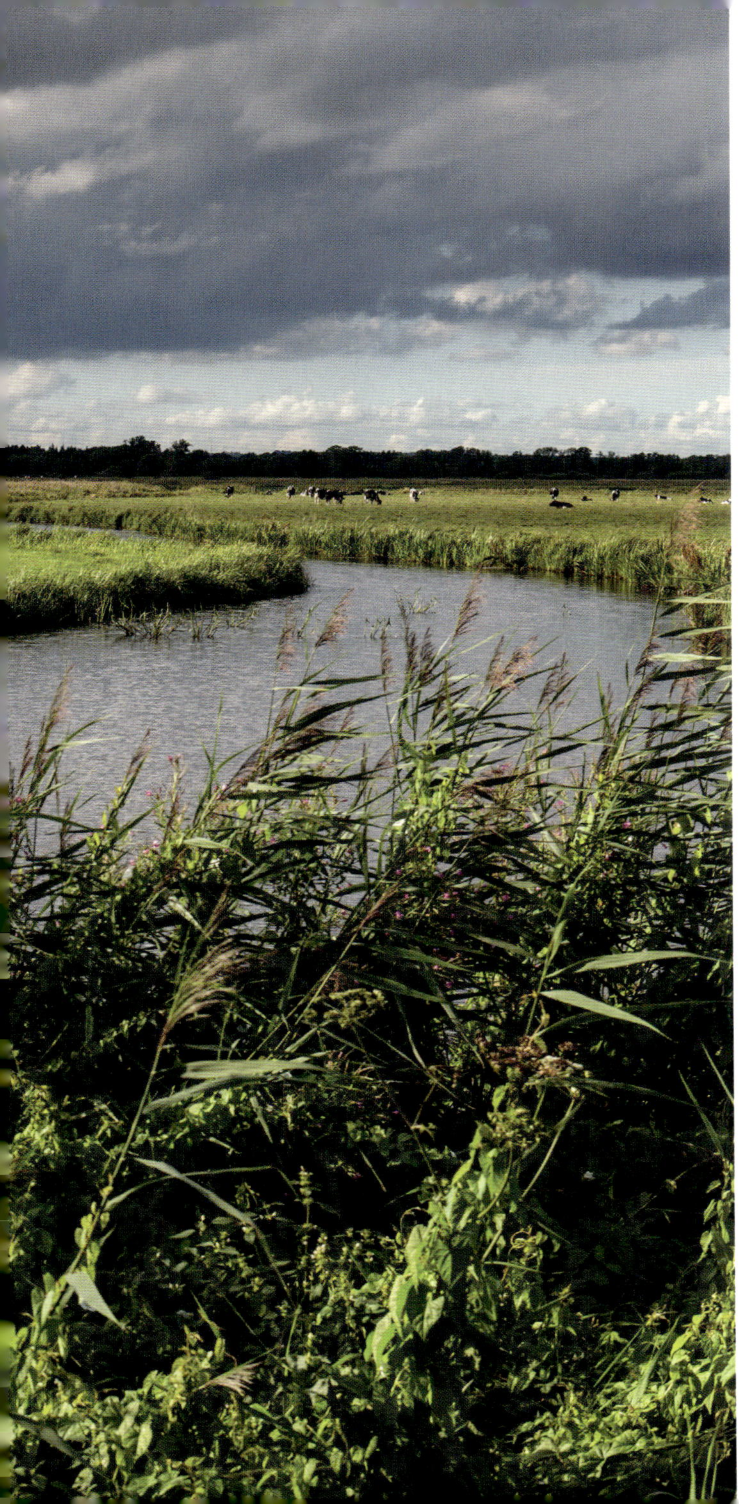

Pendelnd zwischen Paris und Worpswede wurde die einsame Landschaft am Flüsschen Hamme für die Künstlerin immer wieder wichtig. Hier fand sie die Ruhe, die sie brauchte. Was sie hier nicht fand, waren Anregungen für ihre Arbeit.

Paris, Worpswede:
das Entscheidungsjahr 1900

Die Jahrhundertwende, das Jahr 1900, wurde zum Entscheidungsjahr für Paula Becker. Für ihre Kunst und für ihr privates Leben. Sie mietete sich am Montparnasse, im Hofgebäude des Atelierhauses Nummer 9 in der Rue Campagne Première, ein Zimmer und richtete es mit Möbeln vom Trödler ein. Sie blieb von Januar bis Ende Juni.

Paula Becker stürzte sich in Paris mit gewohnter Vehemenz in die Arbeit. In der Privatakademie Colarossi in der Rue de la Grande-Chaumière besuchte sie morgens und abends Aktkurse. Sie war zufrieden mit den Korrekturen der Lehrer. In einem Brief an die Eltern beschrieb sie amüsiert ihr neues Arbeitsfeld: „In der kleinen Rue de la Grande Chaumière hat der Colarossi seine Akademiehäuser, worunter kleine rumpelige, schmutzige, komische Baracken zu verstehen sind, denen es aber an Poesie nicht fehlt in Gestalt von einem Treppenaufgang von wildem Wein umrankt, von einer eigentlichen Balustrade, auf der man in den Pausen Luft schöpft, und von durch ihr Alter und ihren Dreck Ehrfurcht einflößende Portieren. Colarossi ist neben Julian die beste Akademie (...) In diesen heiligen Hallen zeichne ich Akt morgens mit den Weiblein, abends mit den Männlein. Man kann hier auch malen, aber da werden so viel Scheußlichkeiten geboren, daß ich mir das ohne Schwierigkeiten verkneife. (...) Zwischen den Weiblein morgens gibt [es] viel rauhe Haare und

Anfang 1900 richtete sich die 25-jährige Paula Becker ein Atelier in Paris ein. Sie arbeitete ein halbes Jahr an der Seine. In der Rue Laffitte (unser Foto), bei dem Kunsthändler Ambroise Vollard, sah sie die Gemälde von Paul Cézanne. Nichts beeindruckte die Künstlerin so sehr wie diese neue Malerei des Meisters aus Aix-en-Provence. Später führte sie auch ihre Freundin Clara Westhoff zu Vollard, um ihr den Fund zu zeigen.

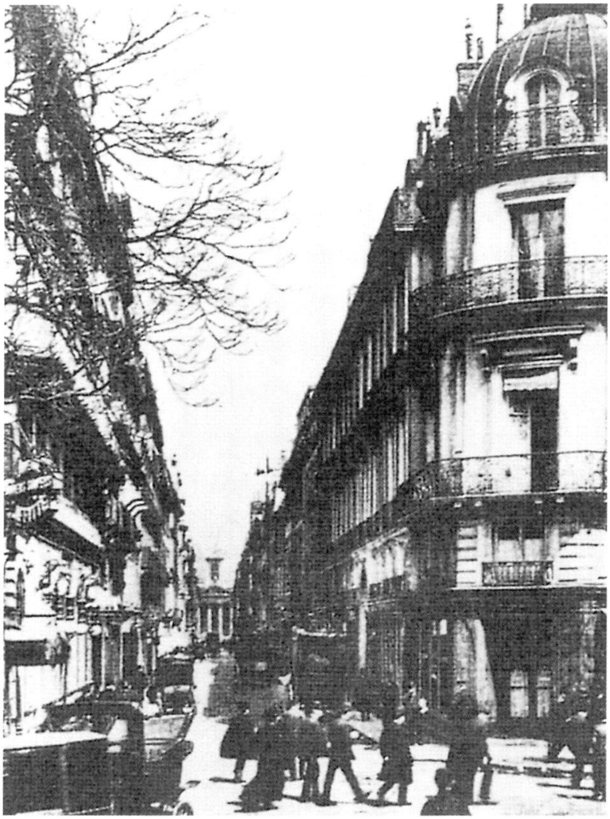

ungeputzte Stiefel, einige kluge Köpfe, und wenig Talent. Sie arbeiten mehr wie das Herdenvieh, ohne Ahnung, worauf es ankommt. Nachmittags bummle ich umher, schau mir die Welt an oder arbeite in meinem grünen, kleinen Atelier. Abends um sieben Uhr bei den Männlein geht's noch komischer zu. Giebt es da komische Gestalten! Eigentlich vernünftig wie bei uns zu Hause sieht kein einziger aus. Sammetanzüge, lange Haare, Hemdärmel, Handtücher als Schlipse (...).“

Mindestens ebenso wichtig als Augenschule waren für sie die Pariser Museen. Im Louvre studierte sie erneut, wie schon in Wien, die Werke von Tizian und Botticelli. Im Musée du Luxembourg lernte sie die Maler der Schule von Barbizon kennen, die den Gründervätern der Worpsweder Künstlerkolonie Vorbild gewesen waren. Paula berichtete den Eltern brav von ihrer Arbeit, von ihren Paris-Eindrücken, Museumsbesuchen, Sonntagsausflügen, den neuen Freunden. Die Briefe klingen sehr offenherzig, doch wissen wir heute, dass sie über vieles, was sie bewegte, weder schrieb noch sprach. Zum Beispiel eine Begegnung, die „wie ein Gewitter und ein großes Ereignis“ auf die junge Künstlerin wirkte, wie sie kurz vor ihrem Tod an die Freundin Clara Westhoff schrieb. Dieses „Gewitter“ war die Begegnung mit den Werken von Paul Cézanne.

Clara Rilke-Westhoff erinnerte sich später: „Eines Tages forderte sie mich auf, sie bei einem Weg ans andere Seineufer zu begleiten, um mir dort etwas Besonderes zu zeigen. Sie führte mich zu dem Kunsthändler Vollard und begann in seinem Laden gleich – da man uns ungestört ließ – die an die Wand gestellten Bilder umzudrehen und mit großer Sicherheit einige auszuwählen, die von einer neuen, wie es schien, Paulas Art verwandten Einfachheit

Dieses Selbstbildnis Paula Beckers aus der Pariser Zeit zeigt die Malerin vor dem Fensterausblick auf eine Häuserfassade der Seinestadt. Das Porträt drückt deutlich ein gewachsenes Selbstbewusstsein und die Hinwendung zu neuer künstlerischer Form aus.

„Selbstbildnis vor Fensterausblick auf Pariser Häuser“, 1900, Papier auf Pappe, 39 x 25,5 cm, Privatbesitz, Bremen

waren. Es waren Bilder von Cézanne, die wir beide zum erstenmal sahen. Wir kannten nicht einmal seinen Namen. Paula hatte ihn auf ihre Art entdeckt; und diese Entdeckung war eine unerwartete Bestätigung ihres eigenen künstlerischen Suchens.“

Der Kunsthändler Ambroise Vollard hütete in seiner Galerie in der Rue Laffitte damals nicht nur Landschaften von Cézanne, sondern auch Bildnisse und Stillleben. Die Begegnung mit diesen Werken wurde für Paula Becker zum Schlüsselerlebnis – wie an den Bildern der folgenden Jahre abzulesen ist und wie es auch spätere Äußerungen von ihr verraten. Ein weiterer Bogen künstlerischer Wahlverwandtschaft der Pariser Zeit führt während der Parisaufenthalte 1903, 1905 und 1906/7 zu Paul Gauguin und den „Nabis“, (den „Propheten“), der Künstlergruppe um Pierre Bonnard, Edouard Vuillard und Maurice Denis, deren Werke die Malerin ebenfalls schätzen lernte. Auch die Nabis verehrten Cézanne.

Ein Selbstbildnis mit Pariser Häusern im Hintergrund zeigt die Künstlerin en face, leicht von unten gesehen. Das strenge dunkle Kleid, aus dessen Kragen der Hals emporsteigt, der flächige Hintergrund, das Gesicht, die klare Linie der mandelförmigen Augen – all das zeigt ihre Konzentration auf das Wesentliche. Nicht mehr ein Bildnis des 19. Jahrhunderts, sondern des anbrechenden 20. Jahrhunderts

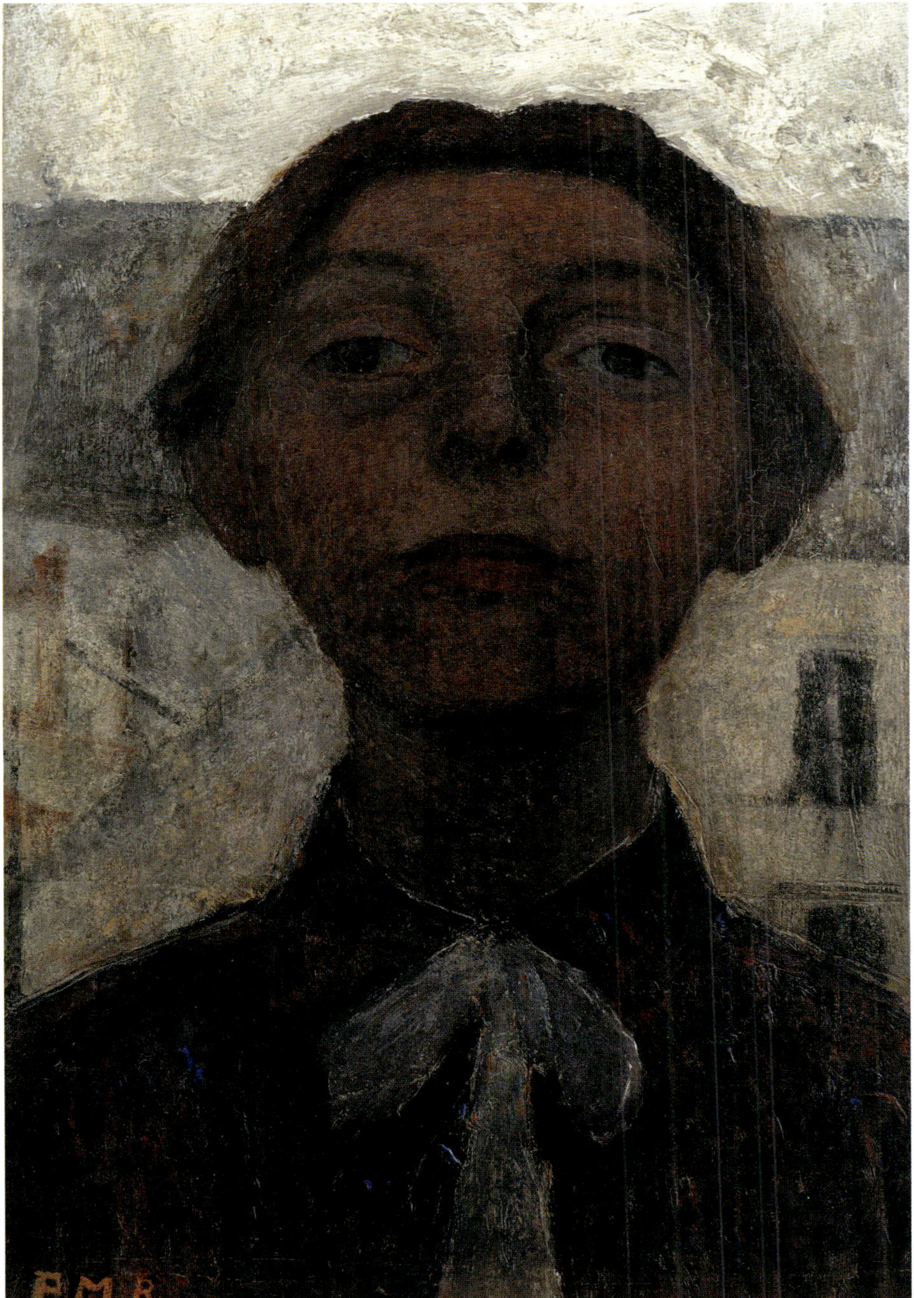
PMB

ist hier entstanden. Der „Blick aus dem Atelierfenster der Künstlerin“ beweist in seiner strengen Geometrie der Häuserfassaden ebenfalls eine neue Reduktion der formalen Mittel. Anfang März wird Paula Becker bei einer Ausstellung in der Akademie mit einer Medaille ausgezeichnet. Es wird die einzige Auszeichnung in ihrem ganzen Leben bleiben.
Die Große Kunstschau auf der Pariser Weltausstellung beeindruckt die 24-jährige Paula so stark, dass sie in einem leidenschaftlichen Brief an das Ehepaar Modersohn kaum noch ihren eigentlichen Wunsch verbirgt: Sie will diese neue Kunst unbedingt zusammen mit Otto Modersohn erleben. Ohne Zweifel hat er sich in ihrem Herzen längst zu einem heimlichen Gesprächspartner entwickelt. Der Besuch von Otto Modersohn, Maria Bock, Heinrich Vogeler und des Ehepaars Overbeck in Paris wird durch die Nachricht vom Tode Helene Modersohns, die seit Langem an Tuberkulose litt, jäh beendet.
Ende Juni kehrt auch Paula Becker nach Worpswede zurück – ein sicheres Zeichen dafür, dass sie durchaus nicht im Sinn hat, „meiner Stadt“ auf immer Lebewohl zu sagen. Wieder einmal rückt die Frage, wie sie ihren Lebensunterhalt verdienen will, in den Vordergrund. Der Vater drängt sie erneut, sich eine Stelle als Gouvernante zu suchen. Aber die Tochter, in dieser Frage eine Meisterin der Verdrängung, schiebt das Problem beiseite.

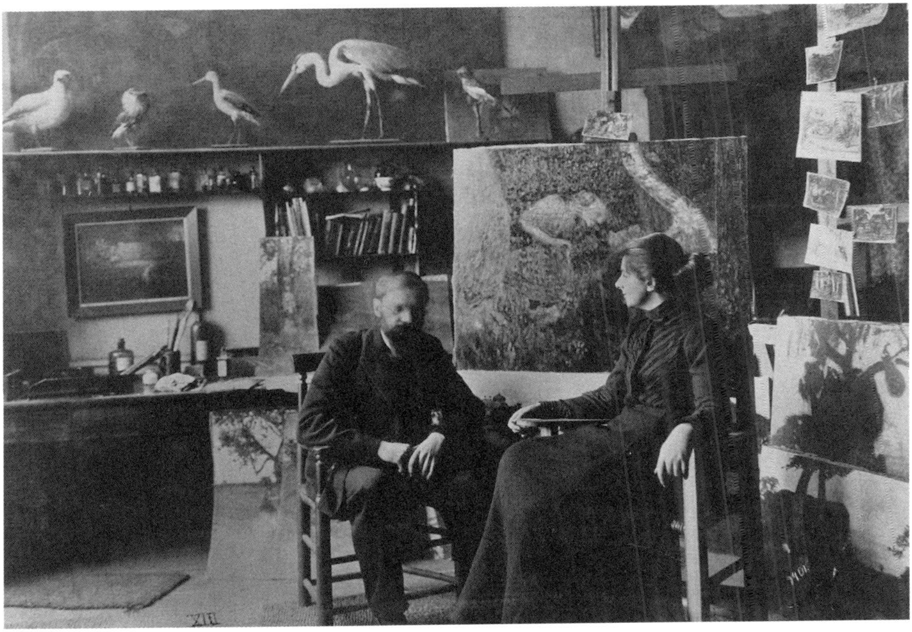

Otto Modersohn war elf Jahre älter als Paula Becker. Als sie im Jahr 1901 heirateten, begann zunächst eine sehr glückliche Zeit. Beide arbeiteten viel. Otto war zu dieser Zeit Paulas Gesprächspartner, mit dem sie über ihre Kunst reden konnte. Doch war es nicht zu übersehen, dass ihre Vorstellungen in verschiedene Richtungen gingen. Das Foto von 1901 zeigt das Paar in Ottos Atelier.

Die Künstlerin richtete sich bei dem Bauern Hermann Brünjes in Ostendorf, in der Nachbarschaft von Worpswede, ein Atelier ein. Ein Haus, das auch heute noch ein Wallfahrtsort für die Verehrer von Paula Modersohn-Becker ist. Sie musste eine Liegekur machen, weil die schlechte Ernährung in Paris und die großen geistigen und körperlichen Anstrengungen des Studienaufenthalts sie geschwächt hatten. Otto Modersohn besuchte sie regelmäßig und las ihr vor.

In diesen Wochen schrieb sie die Sätze in ihr Tagebuch, die immer wieder als eine Vorahnung des frühen Todes gedeutet worden sind:

Die enge Zusammenarbeit in den ersten Ehemonaten wirkte sich nur vorübergehend auf die Bilder von Paula Modersohn-Becker aus. Dieses zarte Frühlingslandschaft aus dem Jahr 1901 ist eines der letzten Landschaftsbilder der Künstlerin. Ab 1902 konzentrierte sie sich ganz auf Menschen-Motive und Stillleben.

„Frühlingslandschaft“, um 1901, Leinwand, 42,4 x 63,3 cm, Paula Modersohn-Becker Stiftung, Bremen

„Ich weiß, ich werde nicht sehr lange leben. Aber ist das denn traurig? Ist ein Fest schöner, weil es länger ist? Und mein Leben ist ein Fest, ein kurzes, intensives Fest. Meine Sinneswahrnehmungen werden feiner, als ob ich in den wenigen Jahren, die mir geboten sein werden, alles, alles noch aufnehmen sollte (...). Und wenn nun die Liebe mir noch blüht, vordem ich scheide, und wenn ich drei gute Bilder gemalt habe, dann will ich gern scheiden mit Blumen in den Händen und im Haar.“

In den ihr noch verbleibenden sieben Jahren wird Paula Becker die Bilder malen, die ihr einen festen Platz in der Kunstgeschichte des 20. Jahrhunderts sichern. Trotz der düsteren Vorahnungen: Paula verlebte den Sommer in Hochstimmung. Sie war verliebt: Im September – drei Monate nach dem Tod Helene Modersohns – verlobte sie sich heimlich mit Otto Modersohn. Eine Episode zeigt ihren Übermut in dieser Zeit: Zusammen mit Clara Westhoff läutete sie die Sturmglocken der Worpsweder Dorfkirche. Ihre „Strafe“ durften sie in dem kleinen Gotteshaus ableisten: Paula bemalte die Säulen mit Wiesenblumen, Clara modellierte darüber Puttenköpfe. Die Mitglieder der Worpsweder Künstlergruppe hatten sich inzwischen auseinandergelebt. Nur die Freundschaft zwischen Heinrich Vogeler und Otto Modersohn war gewachsen. Ein kleiner Kreis Gleichgesinnter, der sich „die Familie“

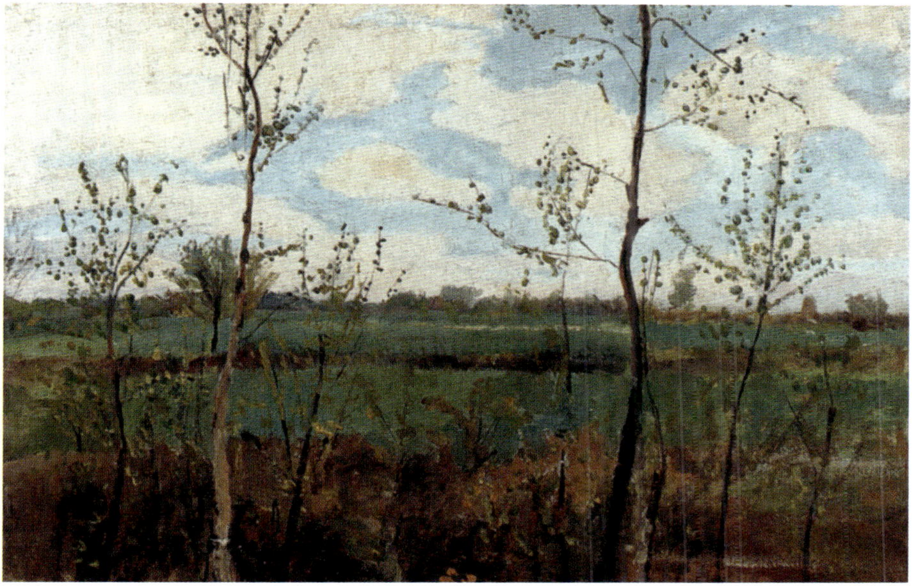

Im Gegensatz zu dem von ihr bewunderten Cézanne zeigt Paula Becker eine strenge horizontale Komposition und eine Abstraktion in der Landschaftsauffassung.

„Mond über Landschaft", um 1900, Pappe, 42 x 55,5 cm, Paula Modersohn-Becker Stiftung, Bremen

nannte, traf sich auf dem Barkenhoff. Gelegentlich wurde er erweitert durch Carl Hauptmann. Dieses Refugium mit seinem Birkenwäldchen hatte der Jugendstil-Künstler Heinrich Vogeler im Herbst 1895 erworben und zum Gesamtkunstwerk gestaltet.

Ende August 1900 traf hier auf Einladung des Hausherrn ein Gast ein, der schnell zum Mittelpunkt dieses kleinen Musenhofes im Moor wurde. Der Dichter Rainer Maria Rilke hatte eine Russlandreise mit der Schriftstellerin Lou Andreas-Salomé hinter sich und war offensichtlich sehr glücklich, vorübergehend auf der Worpsweder „Insel der Schönheit" eine Zuflucht zu finden. Im Überschwang seiner Gefühle erhob er sich in einem Text, der in poetischem Hochton die Zusammenkünfte bei Vogeler beschreibt, gleich selbst zum Herrn auf dem Barkenhoff:

„Wir sitzen im Musiksaal ... weiß, weiße Türen, Vasen, darüber gemalt, aus denen Rosenketten sanft zu beiden Seiten fallen (...). (...) ein Lehnstuhl, gerade für die blonde Schwester recht. Man spielt Richard Strauß, Franz Schubert ... Später, da man mich bittet, lese ich einiges. Eigentlich ist das ein Märchen. Ich sitze in einem ganz weißen, in Gärten verlorenen Giebelhaus unter schönen und würdigen Dingen, in Stuben, die voll von der Stimmung eines Schaffenden sind. Ich sitze in seinen träumerischen Stühlen, freue mich an seinen Blumen, schaue mich in seinen Spiegeln und seine Uhren sprechen mich an wie den Herrn. Da wohne ich einsam, wartend immer sechs Tage lang. Und am siebten empfange ich im weißen Saal bei zwölf Kerzen, die in hohen silbernen Leuchtern stehen, die ernstesten Männer der Gegend und sehr schöne schlanke Mädchen in Weiß, die, wenn ich sie bitte, Lieder spielen und singen und sich zusammensetzen, in feinen Empirestühlen, und die vornehmsten Bilder sind (...)."

Paula Becker mit ihrer Gabe der schnellen Menschenbeobachtung erkannte sehr bald das Gezierte und Gespreizte an Rilke. Trotzdem wurde ihr der fast Gleichaltrige neben Otto Modersohn und Clara Westhoff der wichtigste Gesprächspartner. Der Dichter besuchte „die blonde Schwester" regelmäßig in ihrem Atelier bei Bauer Brünjes. Man sprach über Gott und die Welt – nur nicht über die Kunst. Noch im Frühjahr 1903 empfiehlt Rilke die Malerin für eine Visite im Pariser Atelier des Bildhauers Auguste Rodin, „une femme d'un peintre très distingué". Im selben Jahr erscheint in Bremen seine Monografie über die Worpsweder Künstlerkolonie: Paula Modersohn-Becker ist darin nicht vertreten.

Dass Rilke ihre Kunst glatt übersah, ist umso erstaunlicher, als die Malerin in dieser Zeit ganz besonders produktiv war – animiert wohl auch durch das Interesse Otto Modersohns an ihren Fortschritten. Das Werk des elf Jahre Älteren bleibt bis zu seinem Ende – Otto Modersohn stirbt 1943 nach kurzer Krankheit – ganz der Tradition der Landschaftsmalerei des 19. Jahrhunderts verhaftet. Paula Modersohn-Beckers Malerei gehört dagegen eindeutig zu den frühen Leistungen der Moderne des 20. Jahrhunderts. Die Landschaft ist bei ihr eher ein Nebenthema, das sie nur zwischen 1899 und 1902 beschäftigt. Ihre Hauptthemen sind Menschenbildnisse und Stillleben.

Trotz der unterschiedlichen Ausdrucksweisen ihrer Werke haben sich die beiden in den sieben Jahren ihres gemeinsamen Lebensweges gegenseitig fruchtbringend angeregt. Eine Fülle von Landschaftsstudien entsteht: Birken im Herbst, deren weiße Stämme mit schwarzen Pinselhieben markiert sind, ein Moorgraben, der sich im Bild von rechts unten nach links oben durch eine olivgrüne Landschaft zieht, Bäume wie Wegezeichen, Wolken im ruhigen Spiegel des Wassers, ein rotes Dach im gedämpften Grün und Braun. Der Himmel ist grau.

„Bei Sonne ist mir die Erde viel zu hell, ich möchte dann alle Farben tiefer haben, satter, und werde ganz ärgerlich bei dieser Helligkeit", hatte sie schon von Paris aus an Otto Modersohn geschrieben. Die Worpsweder Landschaft hat die Farben, die sie liebt. Bei Vincent van Gogh, der während seiner Zeit im

Norden eine noch tonigere Palette hatte als Paula Modersohn-Becker, explodierten unter der südlichen Sonne der Provence die Farben zu der Leuchtkraft, die seine Bilder so berühmt machte. Die Malerin hat die Landschaft in der Sonne und in den Farben des Südens nie erlebt. Zu Beginn des Jahres 1901 musste sie mehrere Wochen nach Berlin, um kochen zu lernen. Sie fügte sich in die traditionellen Vorstellungen von den Aufgaben einer Frau, schrieb hochgemute Liebesbriefe nach Worpswede, darin aber auch diesen Absatz: „Komisch, daß gleich vom Anfang der Ehe an wir Frauen es sind, denen die Proben auferlegt werden. Ihr Männer dürft einfach so bleiben, wie ihr seid. Na, ich nehme Euch das ja auch nicht übel, denn ich mag Euch ja sehr gerne so leiden. Nur, daß im allgemeinen die männliche Natur größer ist als die weibliche, mehr im Zusammenhang und mehr aus einem Guß, das entspringt wohl daraus.“ Noch lehnte sich Paula gegen die ihr verordnete Rolle nicht auf.

In Berlin setzte sie ihre Gespräche mit Rilke fort. Der Dichter hatte Worpswede verlassen, noch bevor er von der heimlichen Verlobung Paula Beckers erfuhr.

1901 wurden in der Künstlerkolonie drei Hochzeiten gefeiert: Paula Becker und Otto Modersohn heirateten, Clara Westhoff und Rilke ebenfalls sowie Heinrich Vogeler, der die schöne Tochter eines Landschullehrers auf den

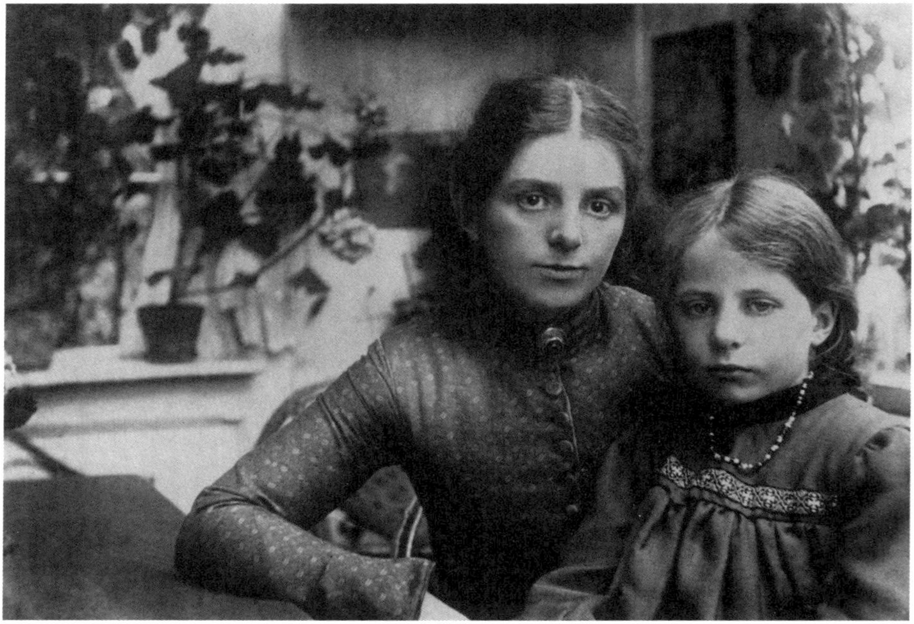

Paula Becker wurde für Elsbeth, Ottos Kind aus erster Ehe, zu einer liebevollen Mutter. Auf diesem Foto aus dem Jahr 1903 sitzt sie mit dem Mädchen auf der Veranda des Modersohn-Hauses. Sie liebte es vorzulesen. Elsbeths Kindergeburtstage gestaltete sie zu festlichen kleinen Ereignissen.

Barkenhoff holte, Martha Schröder. Sie wurde für lange Zeit sein Lieblingsmodell und gebar ihm drei Töchter: Marieluise, Bettina und Martha. Bei Rilkes kam alsbald die Tochter Ruth zur Welt.

Mit dem Einzug in das Haus von Otto Modersohn übernahm die 25-jährige Paula auch die Betreuung der dreijährigen Elsbeth, Modersohns Tochter aus erster Ehe. Um Zeit für ihre Kunst zu haben, musste sie ihren Arbeitstag streng einteilen. Sie stand um sieben Uhr auf und machte sich gegen neun Uhr auf den Weg zu ihrem Atelier bei Bauer Brünjes. Um ein Uhr wurde Mittag gegessen. Von drei bis sieben verschwand sie dann noch mal in ihrem Atelier. „An den Alltagen durfte nichts die Arbeit stören“, schrieb Paulas Schwester später. Sie erinnerte sich auch voller Zärtlichkeit an die Sonntage, die Paula mit großem Vergnügen zu Festtagen machte. Man wanderte, spielte mit dem Kind Elsbeth Theater, Paula setzt sich ans Klavier, abends traf man sich auf dem Barkenhoff.

Viele Bilder, die in den folgenden Jahren entstanden, sah selbst Otto nicht. Die Malerin stapelte sie zuerst in einem kleinen Raum neben ihrem Atelier, später auf dem Dachboden. Die reine Landschaft war bald nicht mehr ihr eigentliches Thema. Wie vor ihrer Ehe ging sie wieder zu den Dörflern, die ihr für ein paar Groschen Modell standen. Neben alten Menschen war sie vor allem an Kindern interessiert. Sie zeichnete und malte sie in der Landschaft. Besonders Mädchen sprachen sie an – oder hatten sie nur mehr Geduld zum Modellsitzen? Die Mädchenbilder dieser Zeit könnten eine kleine Galerie füllen. Es sind sehr ernsthafte Menschenbilder von Heranwachsenden, wie sie nur wenigen Künstlern gelungen sind. Paula Modersohn-Becker nahm die Kinder als Persönlichkeiten ernst.

Wer damals in den Worpsweder Bauernkaten in die Welt hineingeboren wurde, den erwartete kein leichtes Leben. Die Kindergesichter spiegeln den Ernst und die Schwere des

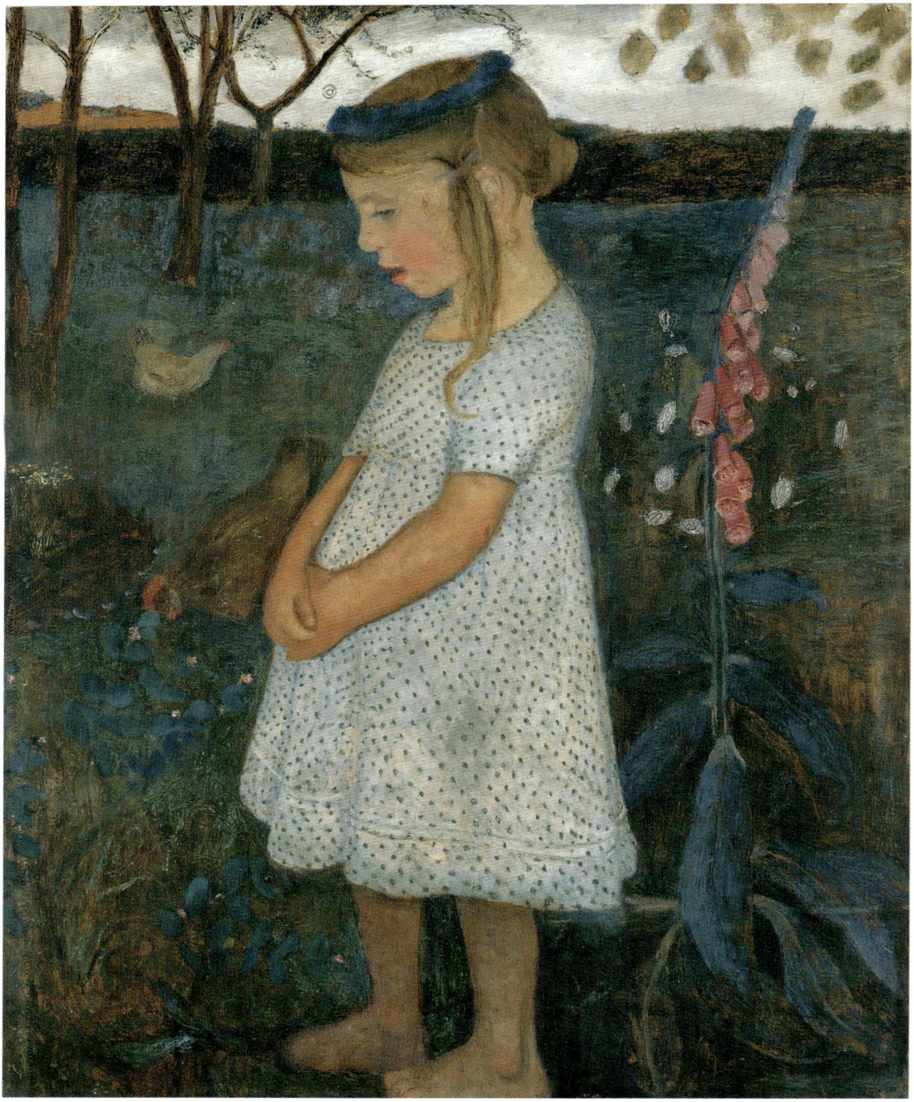

Daseins. Ihre Anmut ist voller Melancholie, sogar Trauer. Der Malerin standen nun auch die künstlerischen Mittel zur Verfügung, die sie brauchte, um eigene Bildwirklichkeiten zu schaffen, die nichts mehr zu tun hatten mit dem reinen Abbilden.

Eines der schlichtesten und eindruckvollsten Gemälde aus dem Jahr 1901 ist das „Bildnis eines kranken Mädchens". Das Brustbild der etwa Vierzehnjährigen ist vor hellgrauem Himmel gemalt. Die eintönige Fläche wird lediglich links durch einen Baum unterbrochen, der wie ein Zeichen in der Landschaft steht. Die Schultern des Mädchens stecken in einem Kleid, das von Bildrand zu Bildrand reicht. Das dem Betrachter frontal zugewandte Gesicht mit dem fließenden Übergang von Stirn und Blondhaar beeindruckt vor allem durch die müden, fiebrigen Augen und die ernsten aufgeworfenen Lippen.

Natürlich wird auch das Kind Elsbeth gemalt. Zwei besonders innige Bilder entstehen im Jahr 1902: Elsbeth steht barfuß im Garten, in einem weißen Sommerkleid mit grünen Punkten, die Hände über dem kindlich runden Bauch gefaltet. Die Augen und der kleine Mund sind geöffnet. Das Kind scheint wie weggetreten, ist gänzlich in sich versunken, obwohl ein paar Hühner durch den Blumengarten stöbern. Eine Fingerhutpflanze mit ihren kräftig rosa Blüten ragt bis auf die Höhe des Mädchenkopfes hinauf

Eines der innigen Kinderbilder aus dem zweiten Ehejahr der Künstlerin ist die im Garten abgebildete Stieftochter Elsbeth. Das ganz in sich versunkene Mädchen mit dem Kränzchen auf dem Kopf bemerkt weder die im Garten stöbernden Hühner noch die Blumen. Das Porträt ist ein lichtes Gegenbild zu den schwermütig-herben Worpsweder Bauernkindern, wie wir sie von Paula Modersohn-Becker kennen.

„Elsbeth in Brünjes Garten", 1902, Pappe, 89 x 71 cm, Privatbesitz

Gartenthemen beschäftigten Paula Modersohn-Becker wiederholt wie in dem hier abgebildeten Gemälde.

„Elsbeth im Garten mit Glaskugel", um 1902, Pappe, 37,3 x 37,8 cm, Privatbesitz

und wirkt wie eine freundliche Geste der Natur dem Kleinkind gegenüber.

Ganz in sich ruhend, wie bei allen figürlichen Darstellungen von Paula Modersohn-Becker, sehen wir Elsbeth auch auf mehreren Bildern. Das Ambiente im Garten beschäftigt die Künstlerin wiederholt. Auf einem Gemälde steht das Kind in einem diffus gemalten weißen Hängekleidchen und überdimensional großer weißer Haube neben einer sie überragenden Glaskugel. In der Riesenkugel, die auf einem grünen Pfahl ruht, spiegeln sich Haus und Landschaft. Paula hat mit großer Emphase nach ihrem Einzug den Garten verändert, neue Blumenbeete angelegt und als ungewöhnlichen Blickfang die große Glaskugel auf den Pfahl gesetzt. Die erste war plötzlich, ohne erkennbare äußere Einwirkung, in Scherben zerfallen. Für Abergläubische ein Zeichen nahenden Unglücks.

Zu Paulas großer Enttäuschung hatte sich die Freundschaft mit Rainer Maria Rilke und Clara Rilke-Westhoff nicht vertieft. Im Gegenteil: Man war einander fremd geworden. Als Paula die beiden am ersten Weihnachtstag 1901 besuchte, öffnete ihr zunächst niemand auf ihr Klingeln. Als dann endlich die Tür aufging, saßen der Dichter, seine Frau und die kleine Ruth wie zum Gruppenbild Josef-Maria-und-das-Jesuskind arrangiert. Für solche Attitüden hatte die Freundin keinen Sinn.

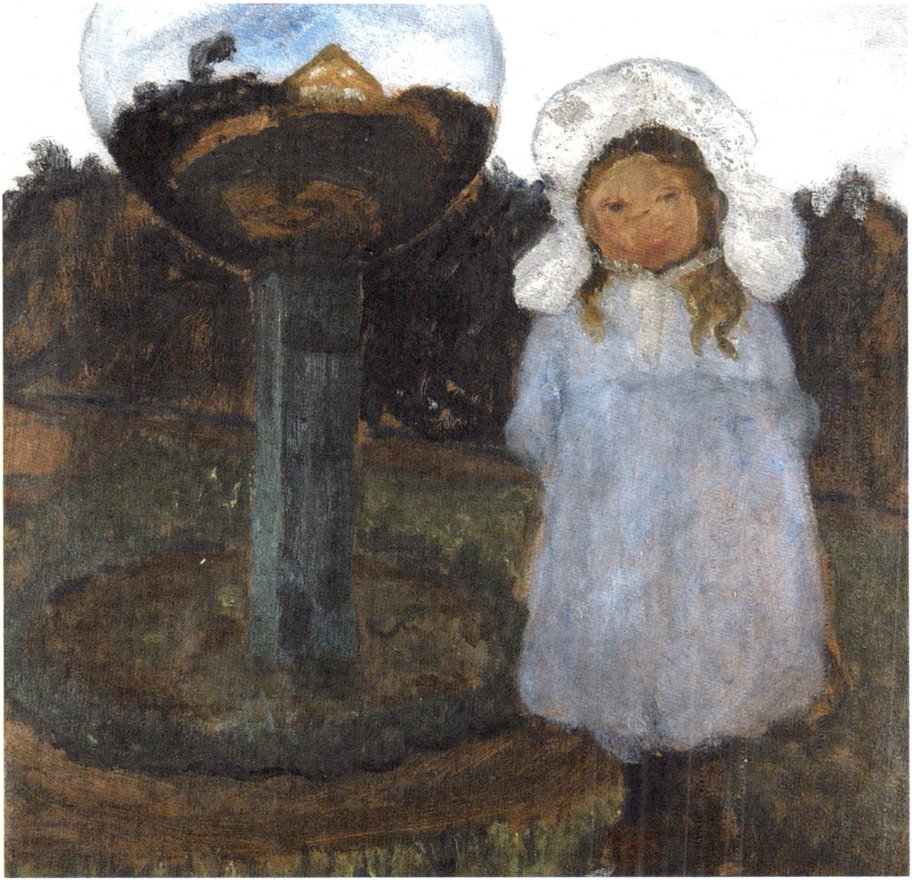

Paula war die Freundschaft mit der Bildhauerin sehr wichtig. Schon im Sommer hatte sie vergebens um sie geworben: „Ist Ihnen nicht manchmal, als ob Sie in die kleine Stube bei Hermann Brünjes Ostendorf eintreten müßten. Da warten viele Dinge auf Sie und eine junge Frau. Der wird das Warten aber sehr lang und traurig."

Aus Westerwede bei Worpswede, wo die Rilkes seit ihrer Hochzeit wohnten, schrieb Clara in ihrem Geburtstagsbrief an Paula: „Ich bin (in diesem Falle: leider) so sehr ans Haus gebunden, daß ich nicht, wie früher, mich einfach aufsetzen kann und fortradeln." Paula litt und sagte: „Aus Ihren Worten spricht Rilke zu stark und zu flammend. Fordert das denn die Liebe, daß man werde wie der andere? Nein und tausendfach nein."

Selbst Heinrich Vogeler sprach von Clara Rilke-Westhoffs „eingemauerter Freiheit". Mit dem Gemälde „Sommerabend" schuf Vogeler dem Worpsweder Freundeskreis sein Abschiedsbild: Auf der Terrasse des Barkenhoff mit seiner berühmten Freitreppe arrangierte er die Freunde zum melancholischen Gruppenbild mit Hund. Unübersehbar die schöne Martha Vogeler im rosenbestickten grünen Kleid mit Spitzenkragen in der Mitte, rechts eine kleine Musikantengruppe mit Vogeler selbst, und links in düsterem Ernst Clara, Paula und Otto. Buchsbaum, wilde

Rosen in Fülle, griechische Vasen – alles deutet in schönstem Jugendstil auf Sommerabschied und Trennung hin. Rilke ist schon nicht mehr anwesend, obwohl er mit Vogeler zusammen noch im Jahr 1902, als das Bild konzipiert wurde, in Bremen ein Drama von Maurice Maeterlinck auf die Bühne gebracht hatte. Rilke führte Regie, Vogeler gestaltete Bühnenbild und Kostüme. In dieser Bremer Zeit schrieb Rilke einen seiner schönsten Briefe an Paula, in dem er an ihren Großmut appellierte und um Verständnis bat für die dunkle Einsamkeit, in die sich seine Frau hineinbegeben hatte.

Paula reagierte mit Melancholie. In ihr Tagebuch schrieb sie, wie sie sich ihr Grab vorstellte: „Es muß gar keinen Hügel haben. Es sei ein viereckig längliches Beet mit weißen Nelken umpflanzt. Darum läuft ein kleiner sanfter Kiesweg, der wieder mit Nelken eingefaßt ist und dann kommt ein Holzgestell, still und anspruchslos, und da, um die Wucht der Rosen zu tragen, die mein Grab umgeben.“ Diese Vorstellung von ihrer letzten Ruhestätte hat sich nicht erfüllt. Wer heute auf dem Friedhof von Worpswede zum Grab der Künstlerin kommt, findet die Anlage so, wie sie der späte Freund und Förderer der Künstlerin, der Bildhauer Bernhard Hoetger, ihr zu Ehren gestaltete. Mit einer nach hinten gelehnten nackten Frauengestalt aus Stein, in

Nächste Doppelseite: Heinrich Vogelers Gemälde „Sommerabend“ von 1905 ist eine Worpsweder Inkunabel. Zum Konzert auf der Freitreppe des Barkenhoff arrangierte der Künstler die „Familie“. Das Fehlen von Rilke deutet jedoch schon die starken Risse an, die damals bereits in der Gruppe bestanden. Von links: Paula Modersohn-Becker, Agnes Wulff, Otto Modersohn, Clara Rilke-Westhoff, Martha Vogeler, Martin Schröder und Heinrich Vogeler.

„Sommerabend“, 1905, Öl auf Leinwand, 175 x 310 cm, Kulturstiftung Landkreis Osterholz

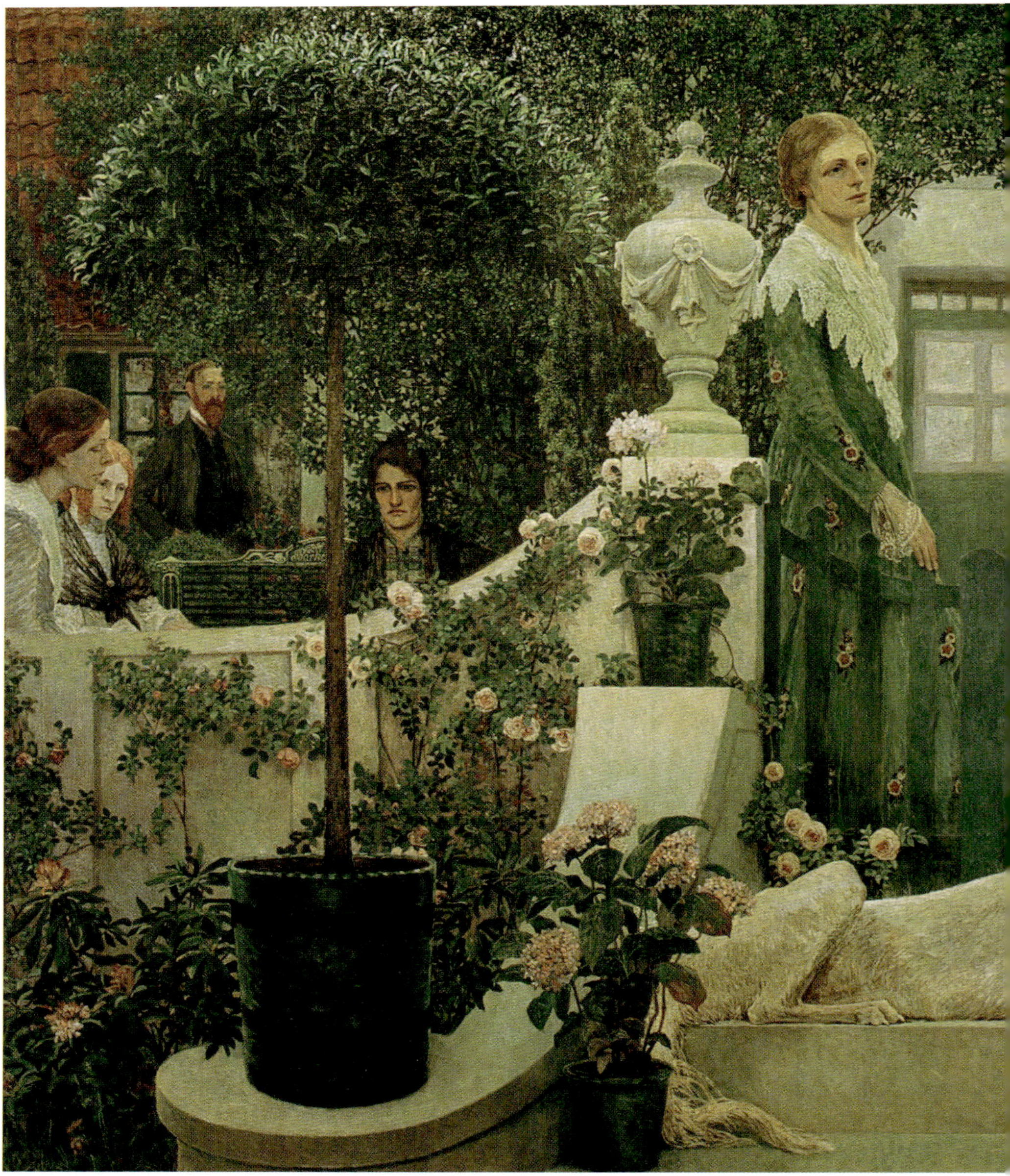

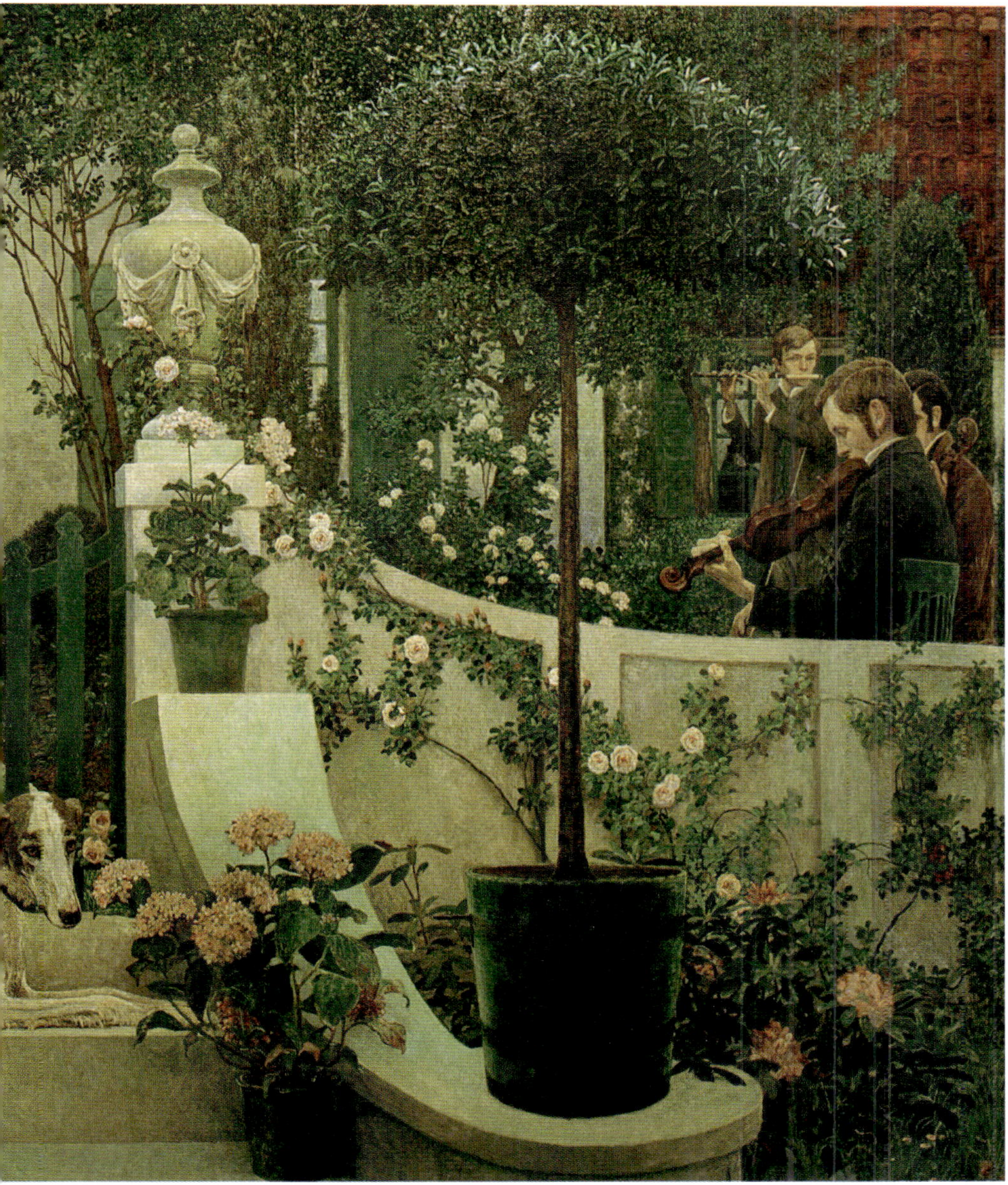

deren Schoß ein Kind sitzt und meistens Blumen liegen, die Verehrer der Malerin dort hingelegt haben (siehe Seite 144/145).
Das Auseinanderdriften des Freundeskreises verstärkt die Bindung zwischen Otto und Paula. Otto ist empört, dass Paulas Familie offensichtlich einmütig davon überzeugt ist, seine Frau werde nie eine große Künstlerin werden. Auch mit Vogeler hadert er, weil der nie ins Brünjes-Atelier kommt. Er findet, dass Paula eine wirkliche Malerin ist und sogar schon besser als Vogeler. „Dem fehlt jede Naivität, alles ist voll Absicht, in Gänsefüßchen."
Er sieht ihre Stärken so: „Zunächst ist sie durchaus persönlich, nichts Conventionelles, Hergebrachtes (...), das ist mir das beste Zeugnis für ihren wirklichen künstlerischen Beruf. (...) Früher schätzte ich ihr Urteil, jetzt aber auch ihre Leistung. (...) Vor allem freue ich mich, daß sie viel intimer, tiefer geworden ist, früher malte sie sehr oberflächlich. (...) Ihr Urteil ist ganz vorzüglich. Sie hat immer recht behalten."
Doch da ist auch Angst vor der Konkurrentin an seiner Seite: „Meine Paula ist doch eine feine Deern. Eine Künstlerin durch und durch. Ihr Farbensinn – wie bei keinem hier; ich komme zur Zeit nicht mit (...). ‚Diese kleine Deern soll besser malen wie Du, der Deubel, das wäre doch.' Junge, Junge, jetzt fange ich an. Mir sind die Augen offen. Das wird ein Wettlauf." Nun

sei er endlich aufgewacht aus einem siebenjährigen Schlaf, schrieb Otto in sein Tagebuch.
Etwa zur gleichen Zeit notierte Paula: „In meinem ersten Jahr der Ehe habe ich viel geweint und es kommen mir die Tränen oft wie in der Kindheit jene großen Tropfen. Sie kommen mir in der Musik und bei vielem Schönen, was mich bewegt. Ich lebe im letzten Sinne wohl ebenso einsam als in meiner Kindheit." – „Es ist meine Erfahrung, daß die Ehe nicht glücklicher macht."
Trotz dieser dunklen Stimmungen waren die ersten beiden Ehejahre für Paula Modersohn-Becker wohl eher eine glückliche Zeit. Eins ihrer schönsten und lichtesten Bilder dieser Phase ist „Mädchenkopf vor einem Fenster". Der Kopf der anmutigen jungen Frau ist leicht geneigt. Die Landschaft, die hinter dem Fenster liegt, ist hell und freundlich. Ein wundersam liebliches Bild, in dem alles zu vollkommener Ruhe gebracht ist. Gemalt wurde es in Ölfarben auf einer Schiefertafel, einem Material, das die Künstlerin für sich entdeckt hatte.

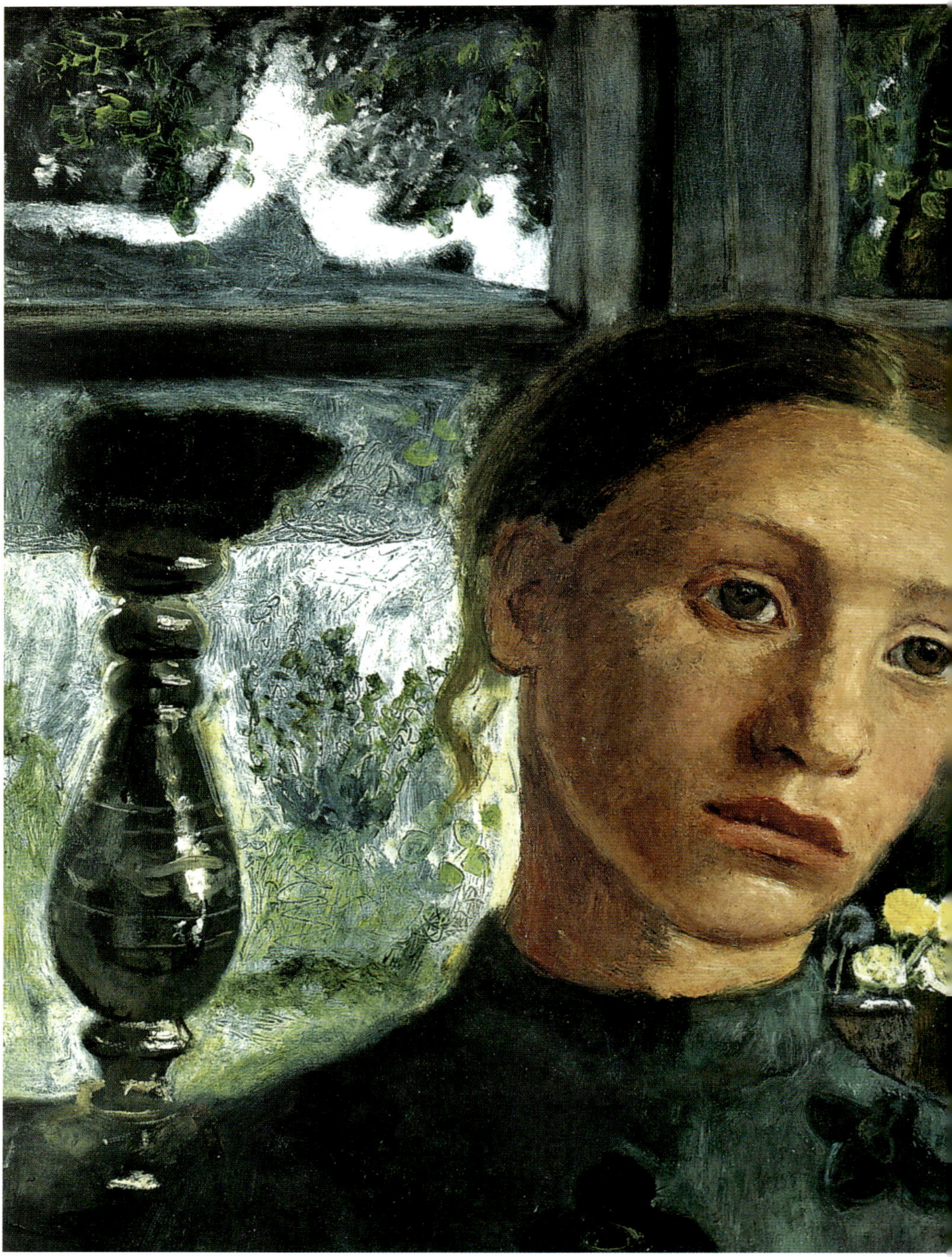

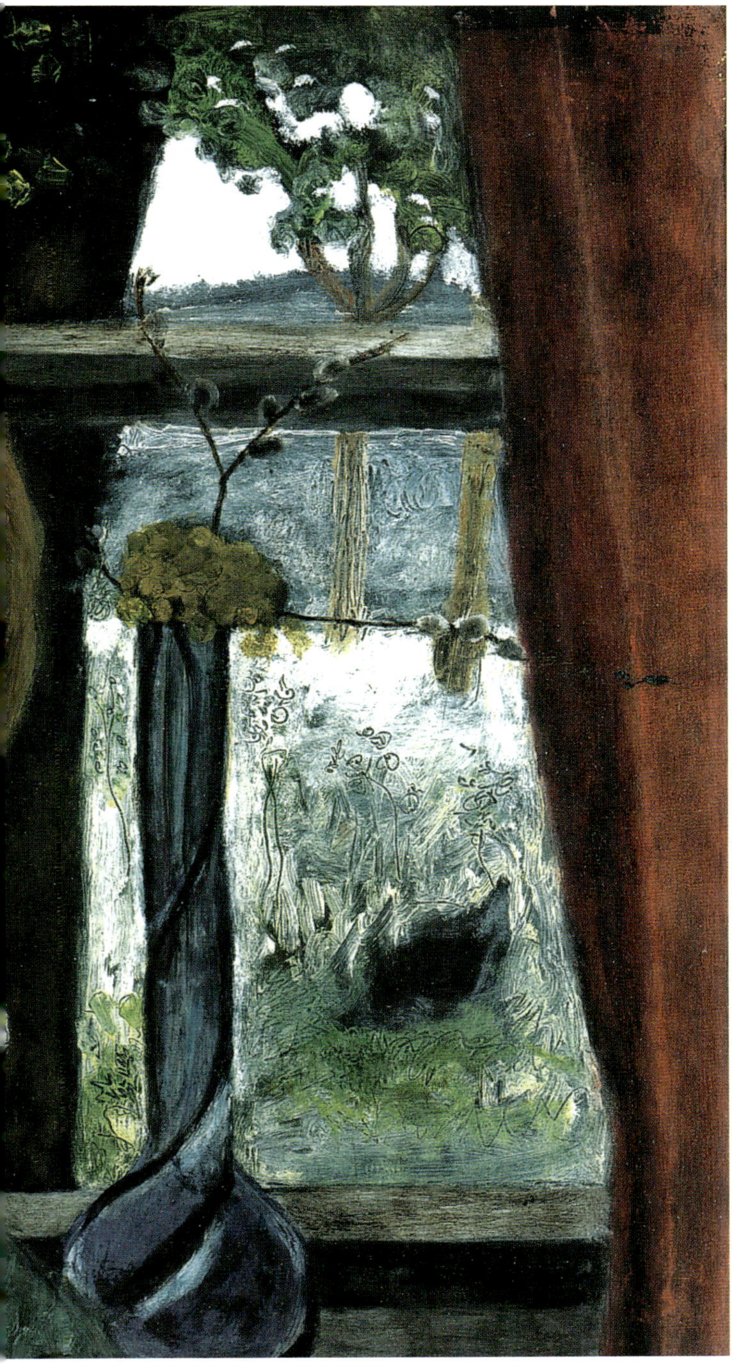

Dieser „Mädchenkopf vor einem Fenster“ (Ausschnitt, um 1902) ist eins der schönsten Gemälde aus der Vielzahl von Werken, die die Kunsthalle Bremen von Paula Modersohn-Becker besitzt. Der Blick aus dem Fenster geht in die Worpsweder Landschaft. Das Mädchen mit dem streng gescheitelten Haar trägt ein hochgeschlossenes Kleid, wie die Künstlerin es selbst am liebsten trug.

„Mädchenkopf vor einem Fenster“, um 1902, Schiefer, 39,3 x 49,5 cm, Kunsthalle Bremen

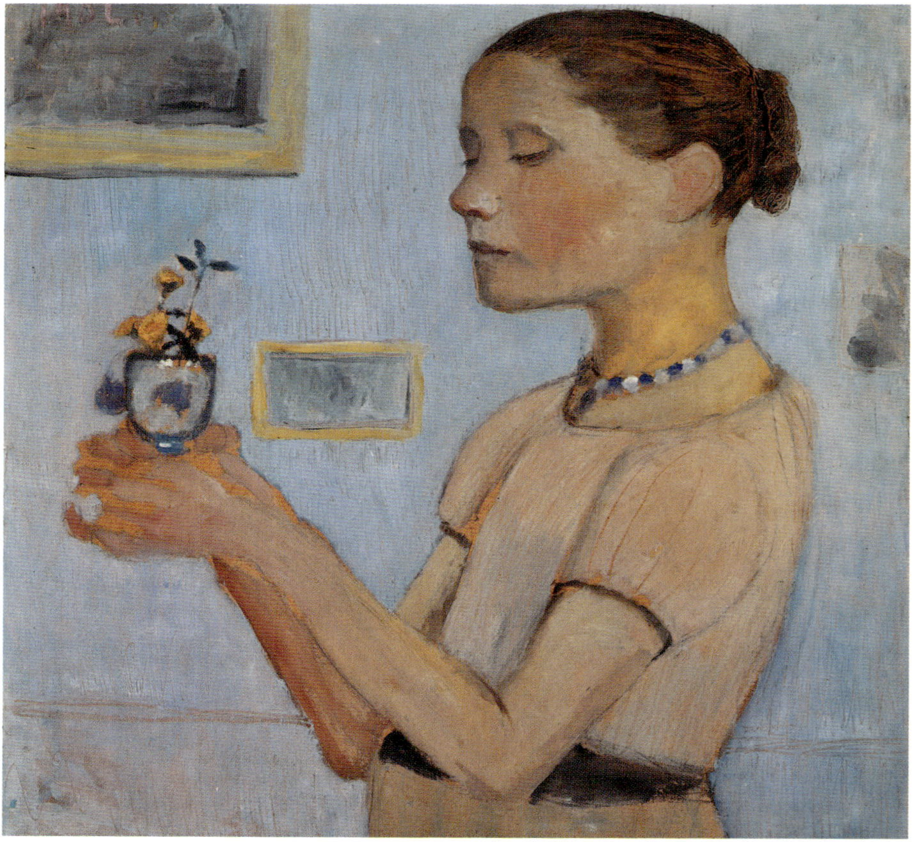

Paula Modersohn-Becker zeigte die Nähe des Mädchens zu den Blumen in einer fast feierlichen Geste.

„Junges Mädchen mit gelben Blumen im Glas“, 1902, Pappe, 52 x 53 cm, Kunsthalle Bremen

Nur wenige Künstler wie zum Beispiel Egon Schiele, Edvard Munch und Paula Modersohn-Becker nutzten die neuen Erkenntnisse der Psychologie in ihrem künstlerischen Schaffen.

„Mädchen im Birkenwald mit Katze“, um 1904, Leinwand, 96 x 81,5 cm, Museen Böttcherstraße, Paula Modersohn-Becker Museum, Bremen

Nächste Doppelseite: Anschließend an ihren halbjährigen Aufenthalt in Paris richtete sich Paula Becker auf dem Hof des Bauern Brünjes ihr Atelier ein. Hier besuchte sie der Dichter Rainer Maria Rilke. Das Strohdachhaus war bis zuletzt ihr wichtigstes Refugium.

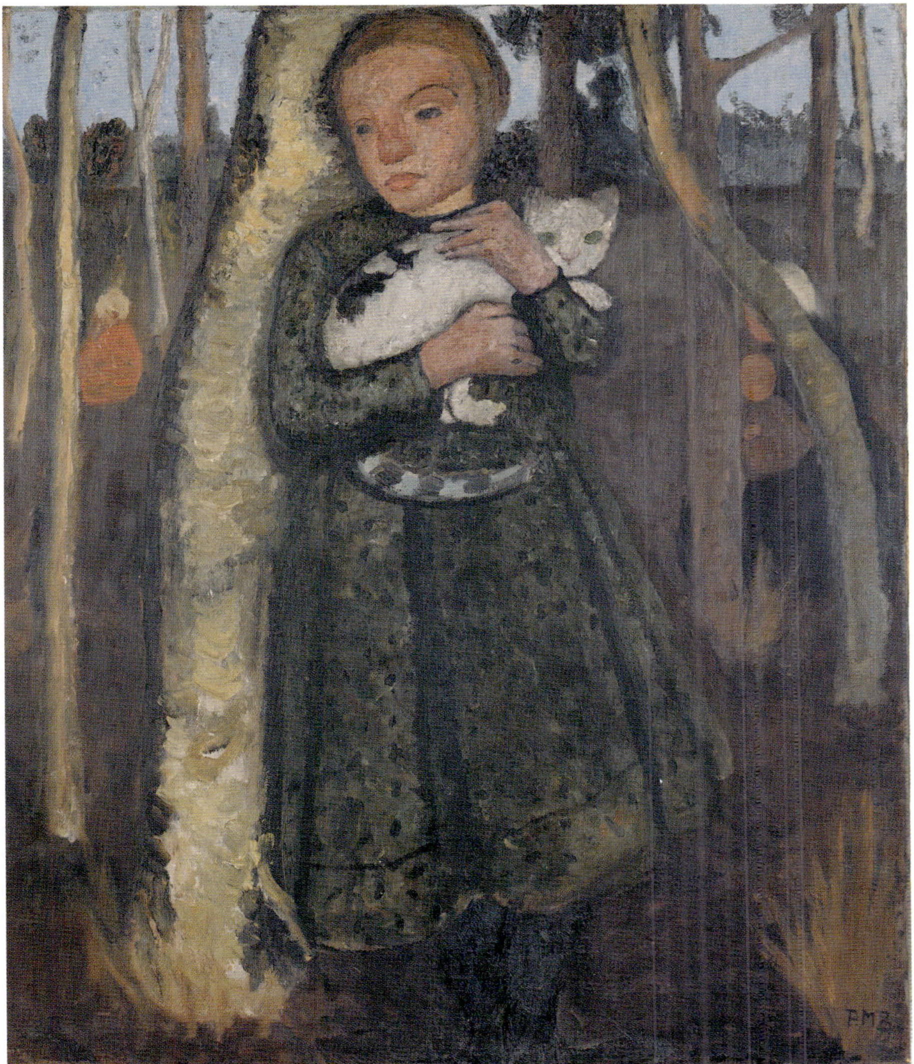
PMB

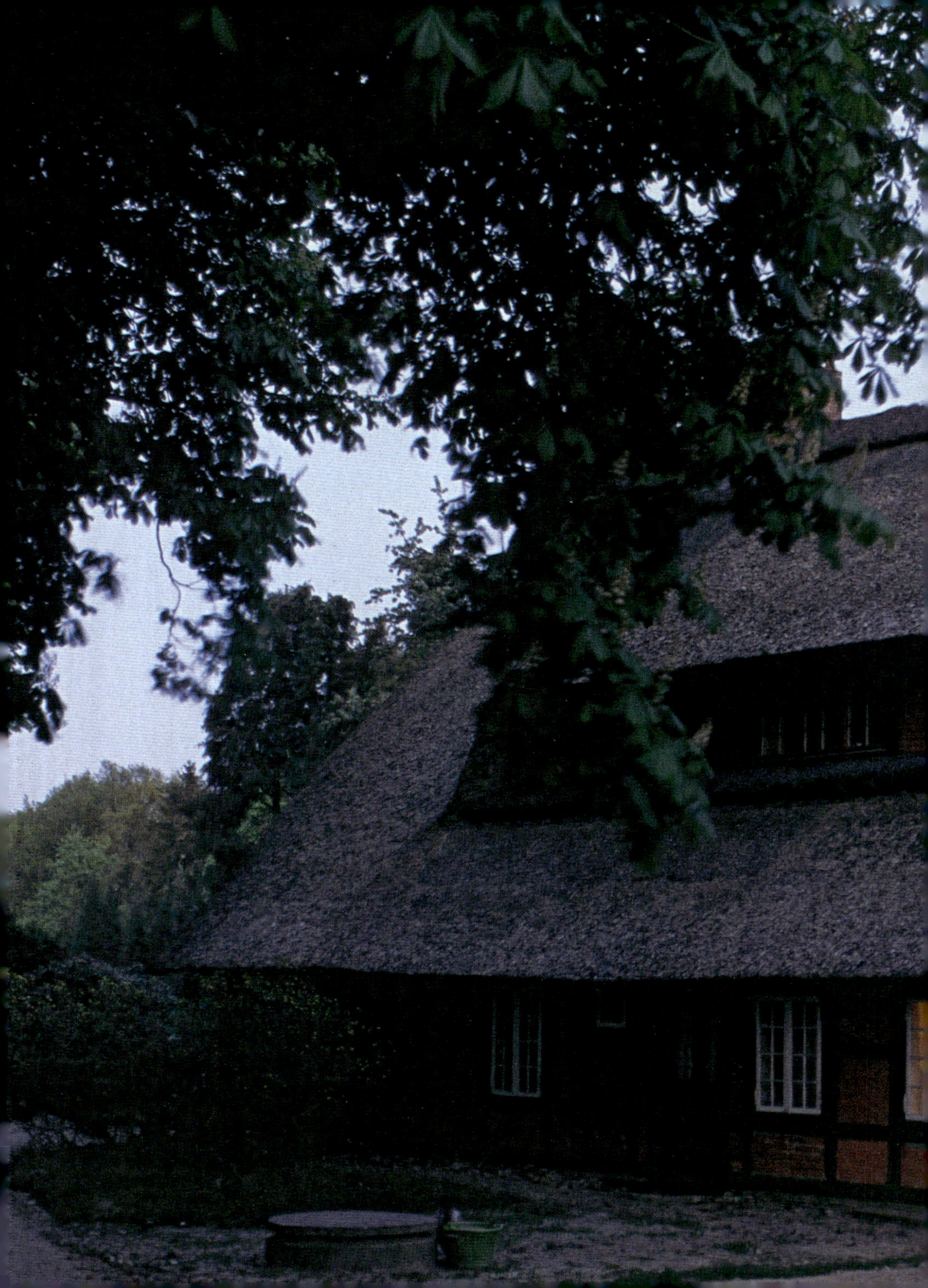

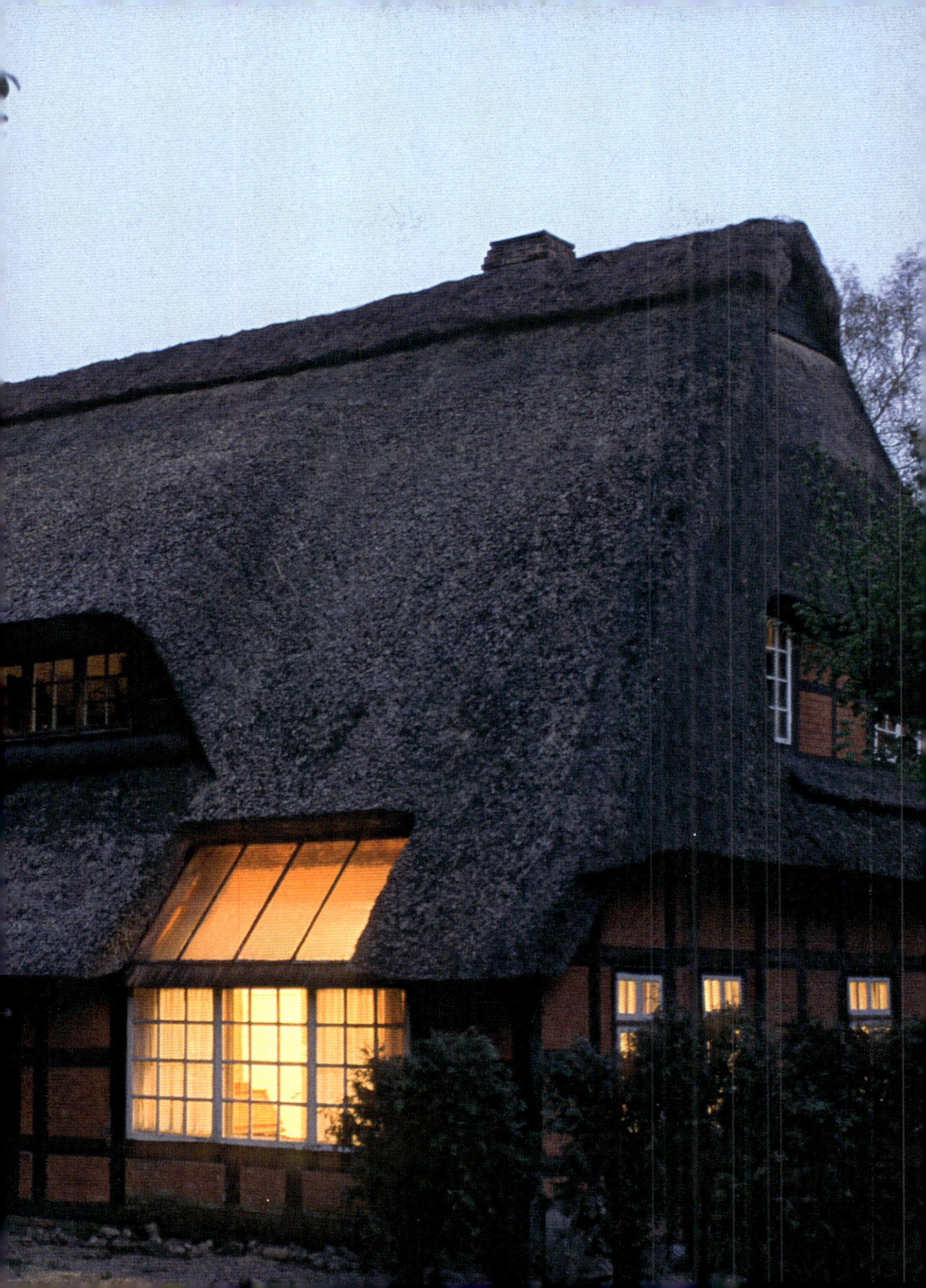

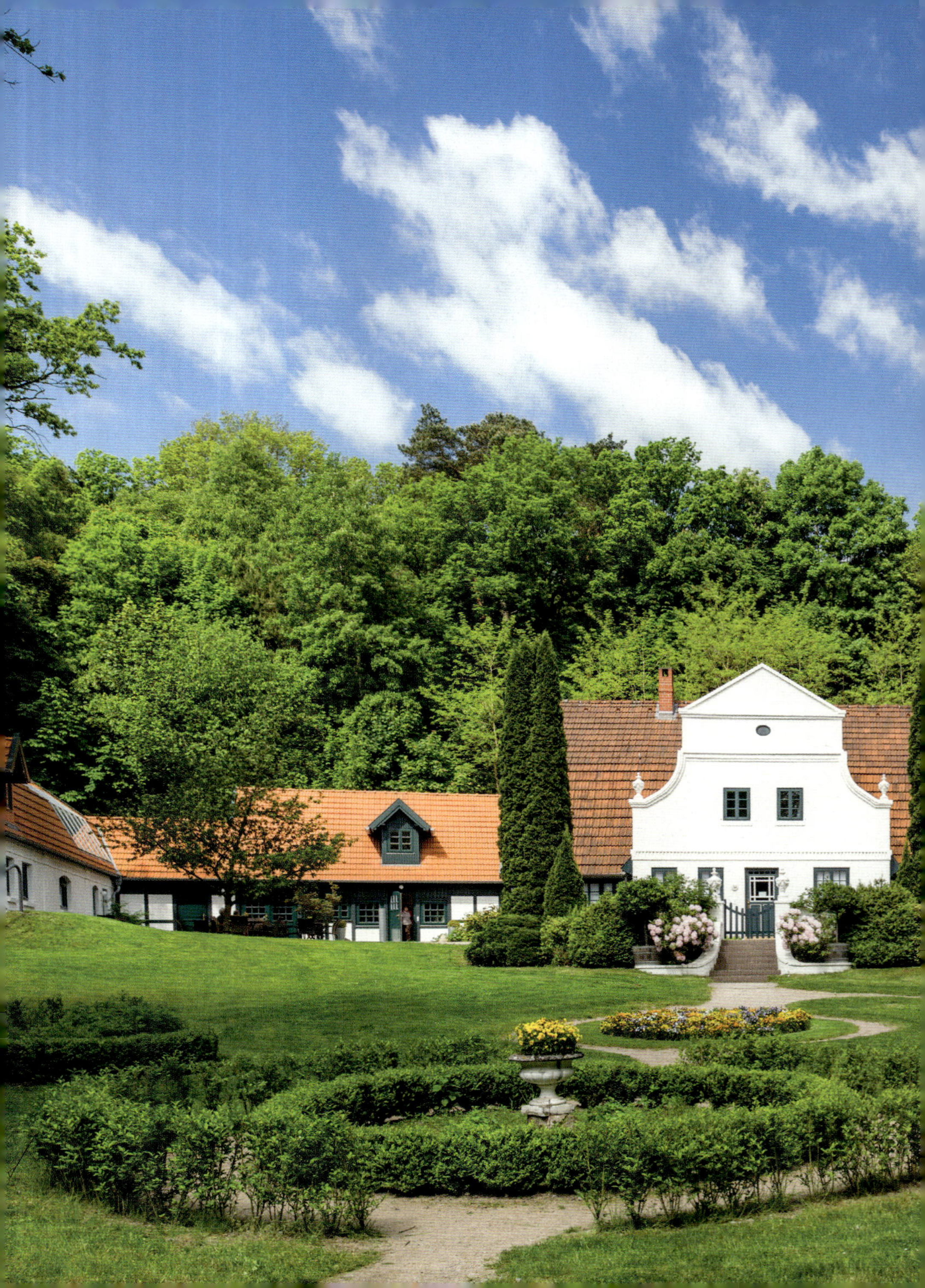

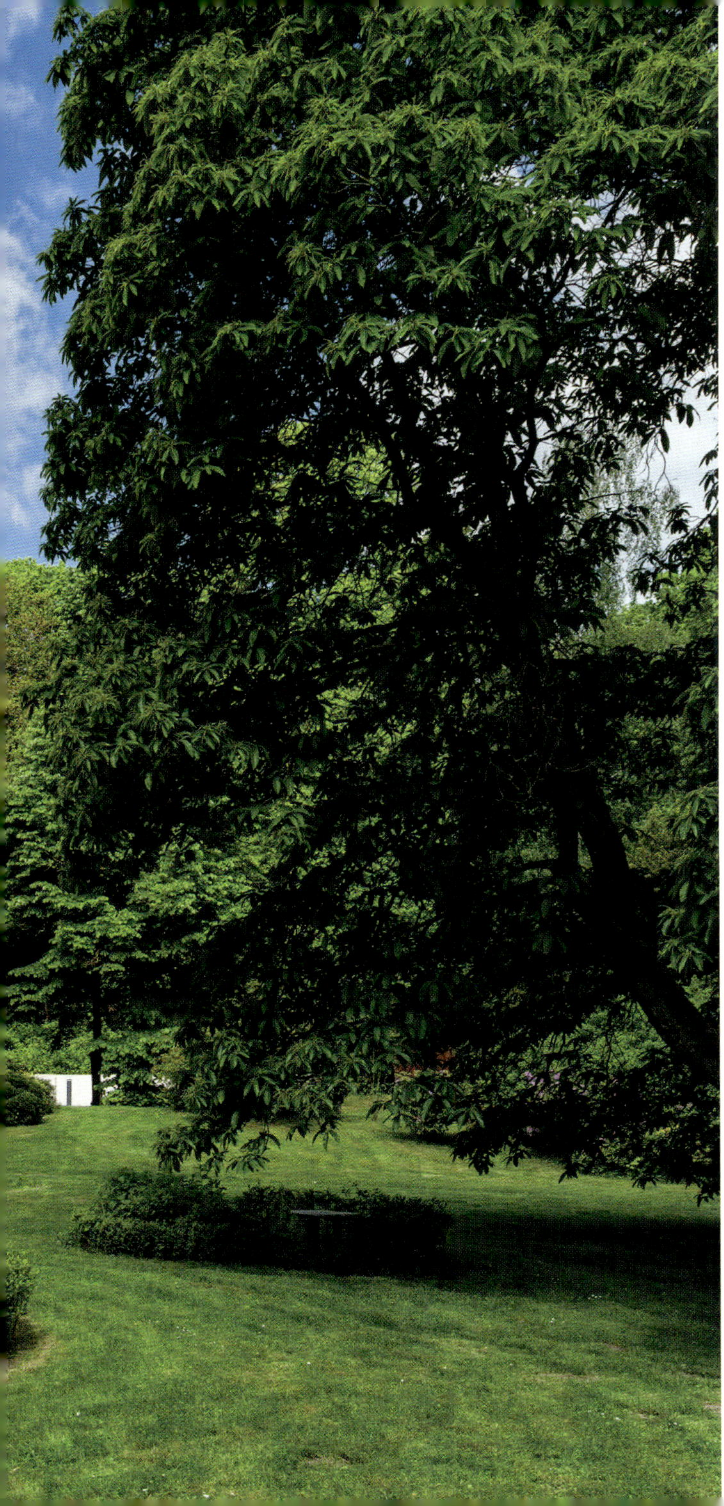

Der Barkenhoff Heinrich Vogelers wurde nach 1900 zum Treffpunkt der Künstlerfamilie von Worpswede, in der im Jahr 1901 drei Hochzeiten gefeiert wurden: Paula Becker heiratete Otto Modersohn, Clara Westhoff ehelichte Rainer Maria Rilke und Heinrich Vogeler trat mit Martha Schröder vor den Traualtar.

Nächste Doppelseiten:
„Die Natur ist unsere Lehrerin,“ schreibt Otto Modersohn, der spätere Mann von Paula Modersohn-Becker, bereits 1889 in sein Tagebuch, nachdem er und sein Malerfreund Fritz Mackensen die Landschaft in und um Worpswede, wie hier die Wümme, gesehen hatten. In den für sie letzten Winkel der Erde waren sie durch Zufall gereist. Und sofort verloren sie ihr Herz an diese melancholische Landschaft, die von einem Spinnennetz blauer Wasserläufe umgeben ist.

Worpswede ist berühmt für die Farbigkeit seiner Luftstimmungen, es ist ein flaches Land, von Gräben durchschnitten. Unter dem großen Himmel wogen die farbigen Felder und sanften Hügelketten. Und es liegt alles so da, dass man es nicht vergessen kann.

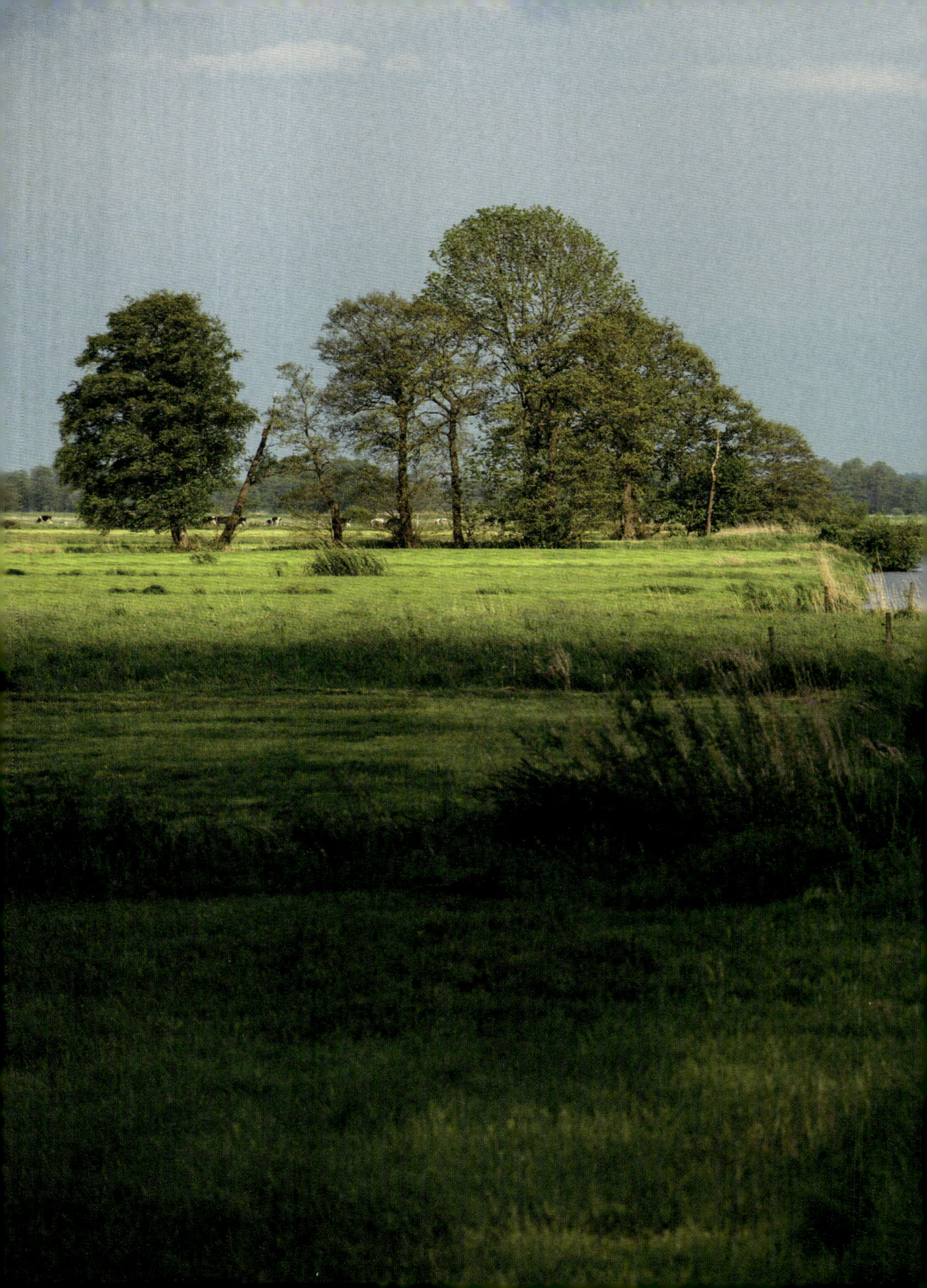

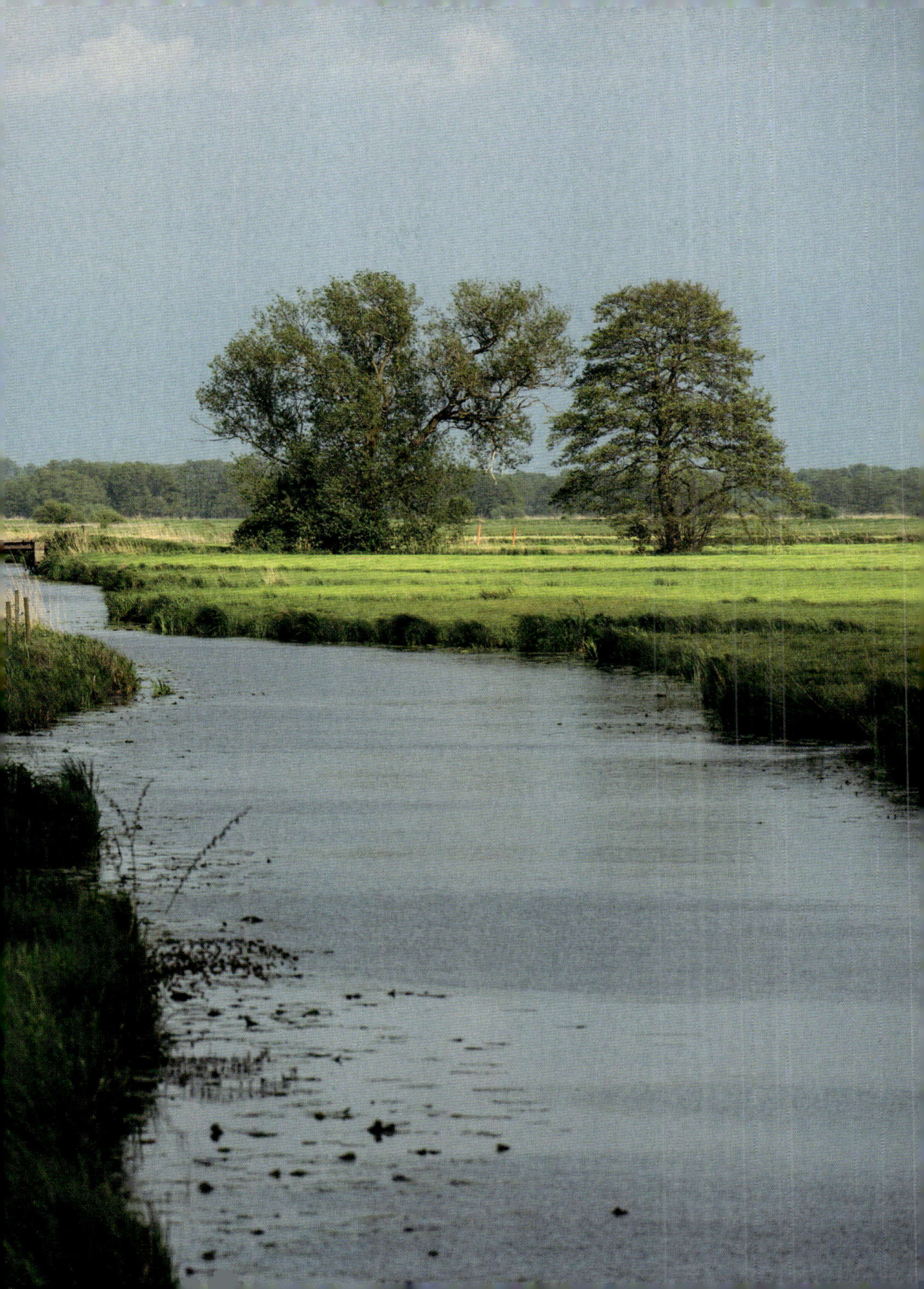

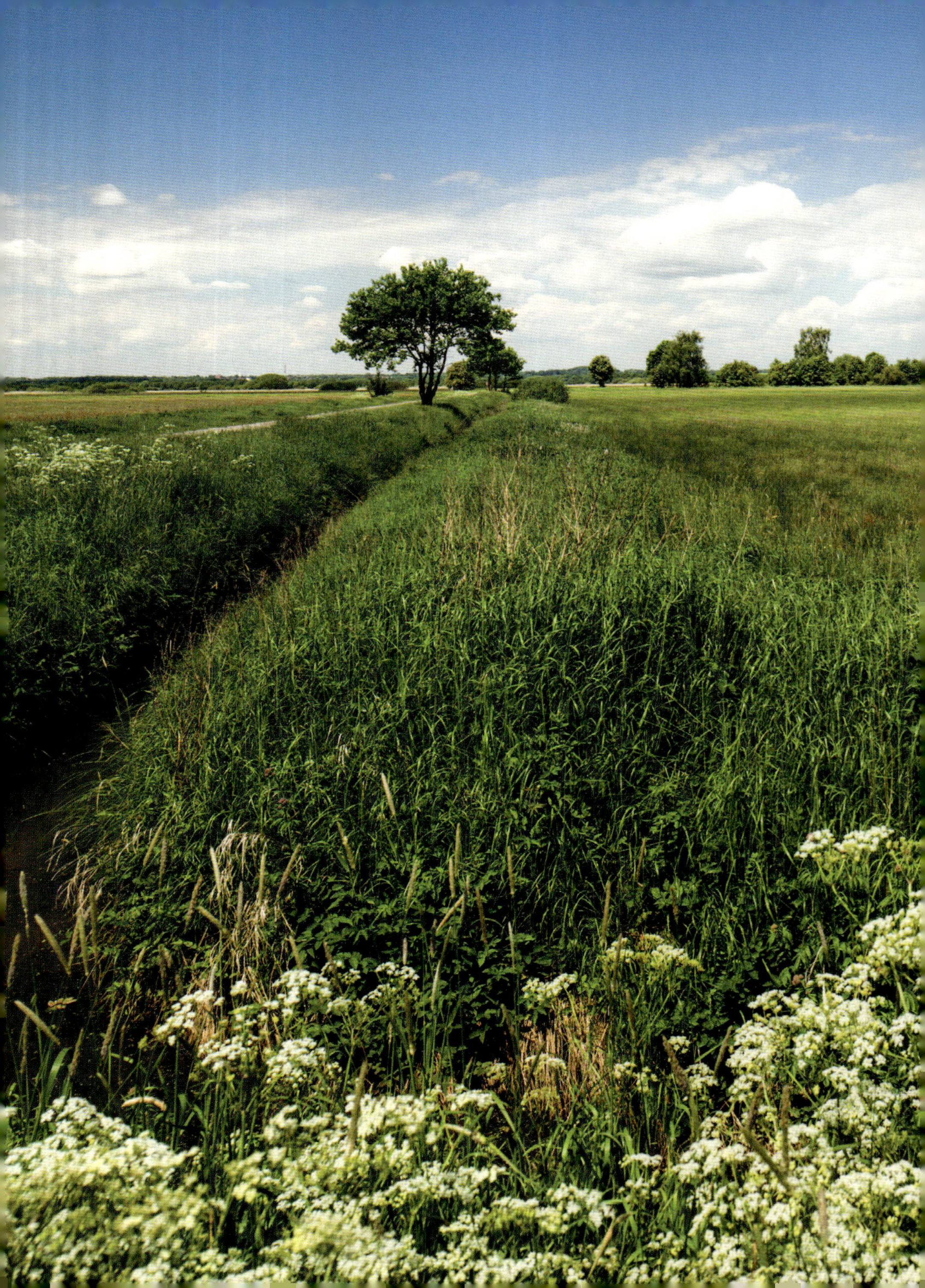

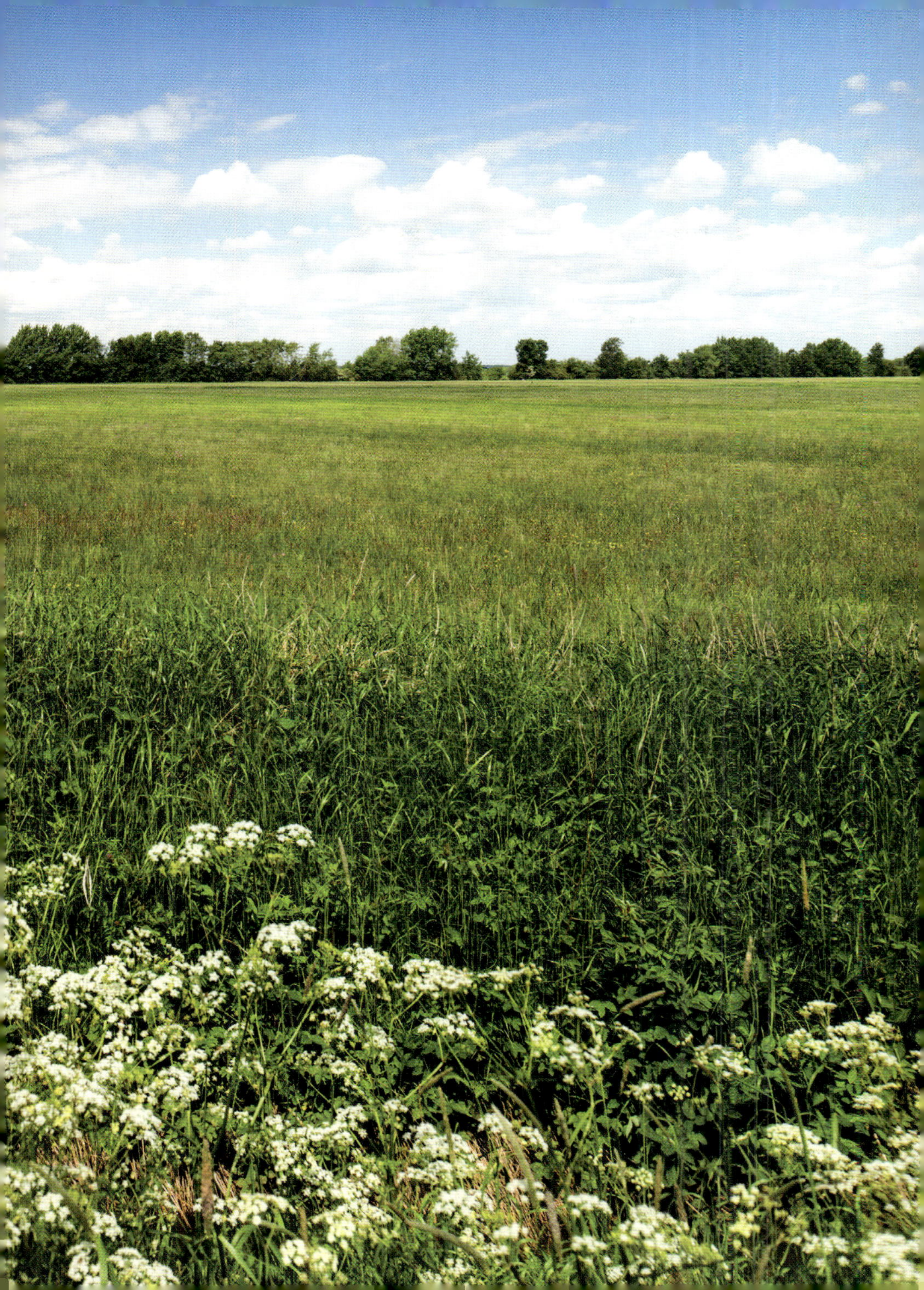

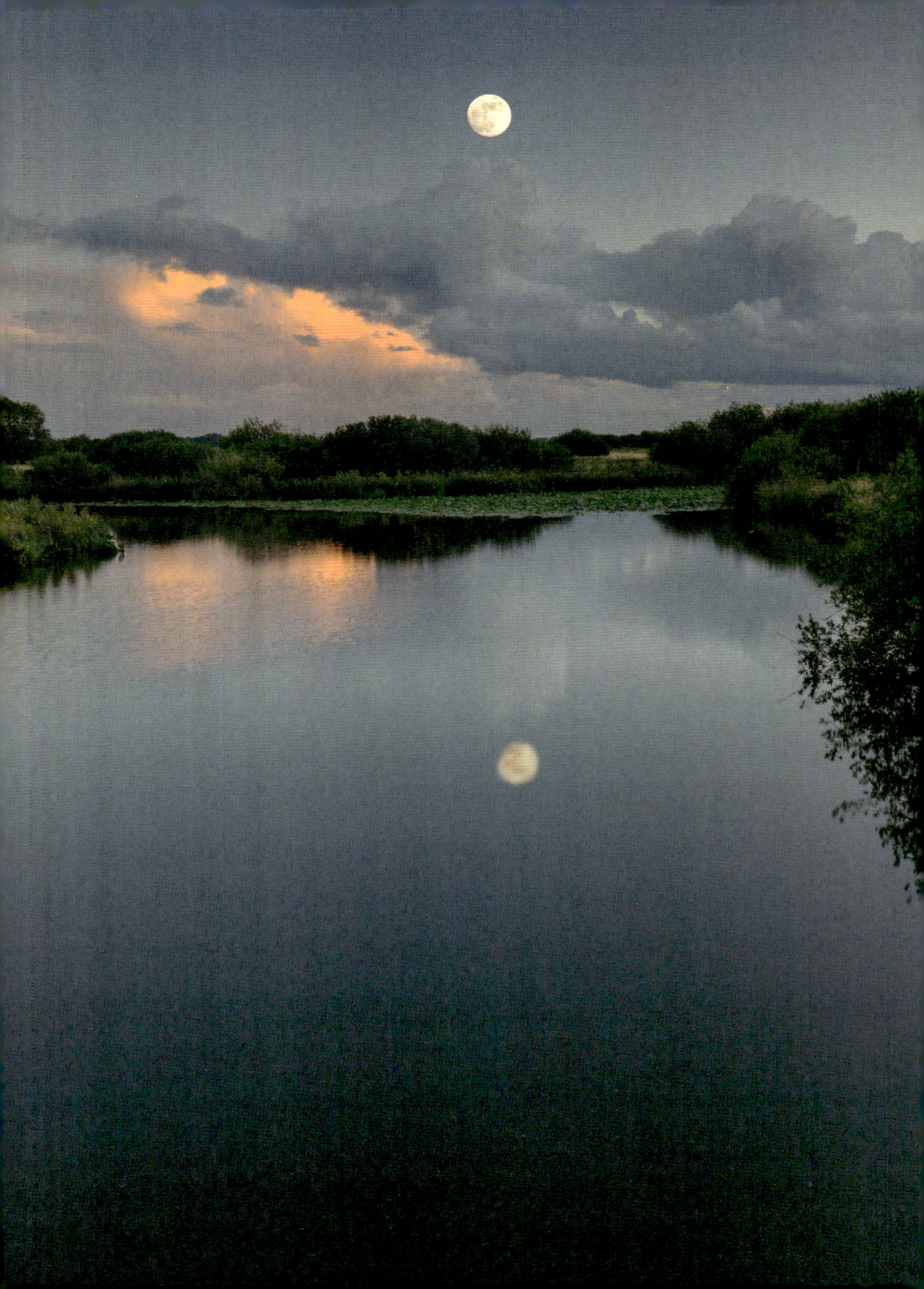

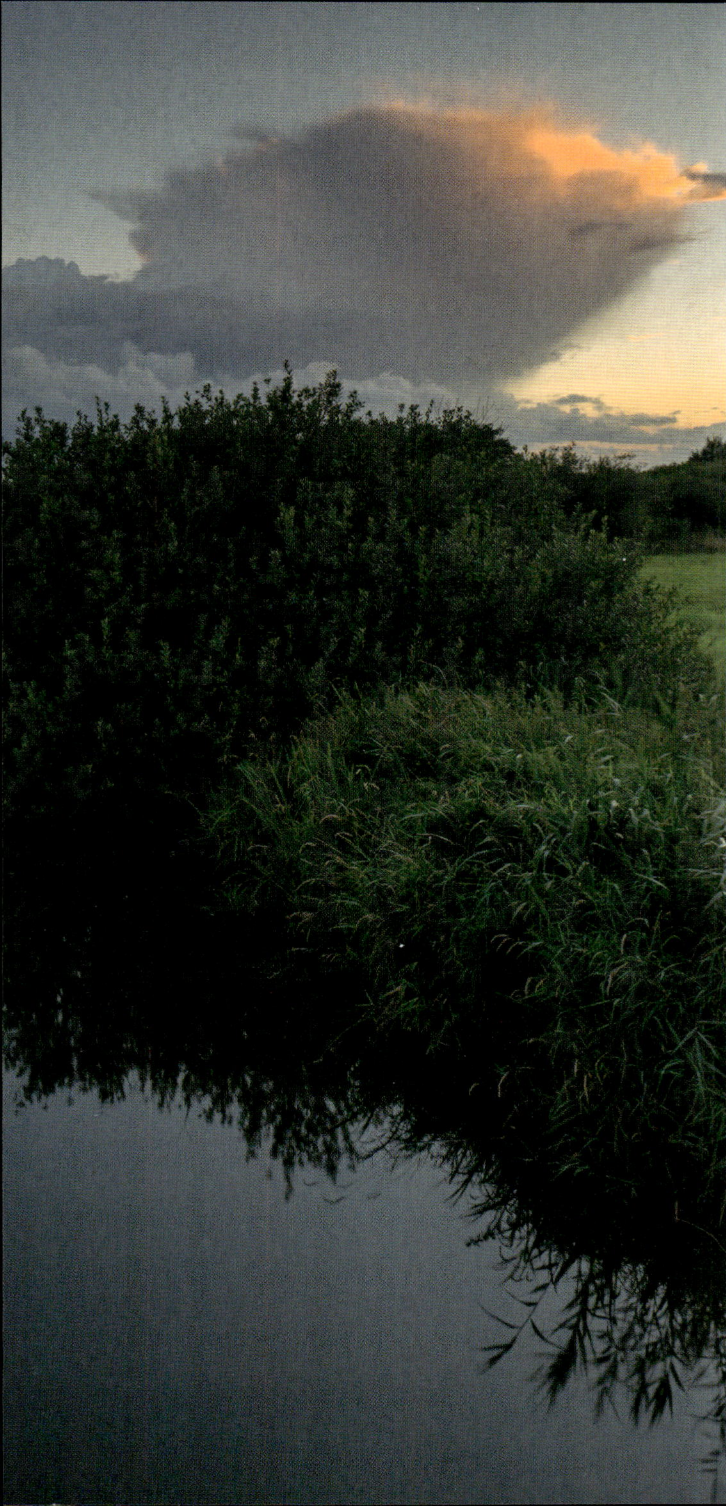

Mond über dem Brandgraben am Breiten Wasser/Teufelsmoor. „Die Kanäle mit den schwarzen Spiegelungen, asphaltschwarz [...], es ist ein Wunderland, ein Götterland." Zu diesen enthusiastischen Sätzen der jungen Paula Becker gibt es in den letzten Jahren in ihrem Tagebuch keine Parallelen. Melancholie setzte sich durch und, bei aller Willensstärke, auch leise Resignation.

Worpswede, Paris:
Gemeinsamkeit und Einsamkeit

„Ich glaube, man müsste beim Bildermalen gar nicht so an die Natur denken, wenigstens nicht bei der Konzeption des Bildes. Die Farbenskizze ganz so machen, wie man einst etwas in der Natur empfunden hat. Aber meine persönliche Empfindung ist die Hauptsache. Wenn ich die erst festgelegt habe, klar in Form und Farbe, dann muß ich von der Natur das hineinbringen, wodurch mein Bild natürlich wirkt (...). Ich habe in diesen Tagen so sehr gefühlt, was für mich Farbenstimmung ist: daß alles auf dem Bilde seine Lokalfarbe wechselt nach dem gleichen Prinzip, daß alle gebrochenen Töne dadurch eine einheitliche Verwandtschaft erhalten.“ Das schrieb Paula Modersohn-Becker am 1. Oktober 1902 in ihr Tagebuch. Damit war sie den Ideen der neuen Kunst, die zu derselben Zeit in Paris entstand, näher, als sie ahnte. Ihr Wunsch wuchs, ein weiteres Mal in „meine Stadt“ zu reisen.

Mit Ottos Einverständnis und seiner finanziellen Unterstützung brach sie im Februar 1903 von Worpswede auf, um den Frühling in Paris zu erleben. In der Rue Cassette 29 schlüpfte sie in einem kleinen Hotelzimmer unter. Sie fühlte sich zu Hause in dieser Stadt mit „Champagner in der Luft, ganz abgesehen von der Kunst auf Schritt und Tritt“. Sie belegte Aktstunden in der Akademie Colarossi und zeichnete fast täglich im Louvre. Einer ihrer ersten Wege führte sie in die Rue Laffitte, wo sie zwei Jahre vorher

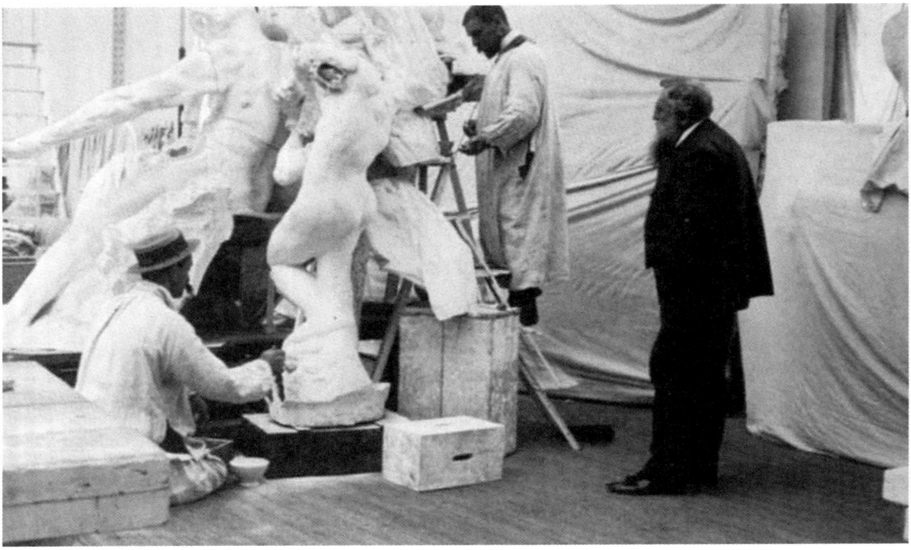

Über den Kontakt des Ehepaars Rilke besuchte Paula Modersohn-Becker das Atelier von Auguste Rodin, der sie stark beeindruckte.

bei Ambroise Vollard Cézanne für sich entdeckt hatte. Sie kam sich vor „wie eine verschleierte Königin". Ungescheut nahm sie sofort Kontakt auf zu dem Ehepaar Rilke, das seit einiger Zeit in Paris ansässig war. Man war freundlich zueinander. Aber Paula hatte überhaupt kein Verständnis für die sorgenvolle Stimmung, die bei ihren Freunden herrschte. Sie fand, dass da „auf zwei Pfeifen Trübsal geblasen" werde. Auch Rilkes Art, sich an bedeutende Zeitgenossen anzuhängen, kritisierte sie heftig. Und sie befürchtete, dass Clara Rilke-Westhoff sich in ihrer Kunst nicht freimachen werde von ihrem großen Lehrer Rodin.

Andererseits war sie glücklich, dass Rilke ihr einen Besuch im Atelier von Rodin vermittelte,

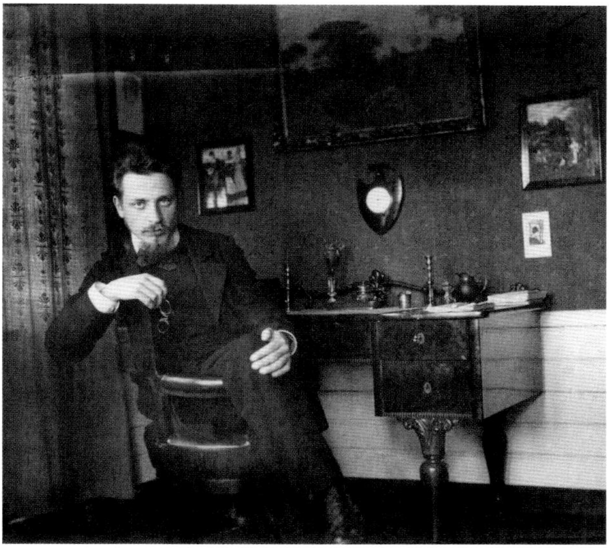

Rainer Maria Rilke zog mit Clara Westhoff ins benachbarte Westerwede. Das Foto von 1901 zeigt ihn an seinem Schreibtisch, den Heinrich Vogeler entworfen hatte. Darüber hängen eine Landschaft von Otto Modersohn und links eine Reproduktion von Böcklins „Frühlingslieder“ (1896).

der sie stark beeindruckte. Sie schrieb begeisterte Briefe über ihre Kunsterlebnisse nach Hause. Eigentlich haben die zahlreichen Briefe, die in den kurzen Wochen von Februar bis März von Paris an Otto Modersohn in Worpswede abgehen, nur zwei große Themen: die Kunst und die Liebe. Die Sehnsucht nach Otto und die Gewissheit, in Worpswede ein Nest zu haben, trugen sie wie auf Flügeln durch Paris.

Die Trennung hatte den Gefühlen gutgetan. Zu Hause stürzte sich Paula wieder mit äußerstem Eifer in die Arbeit. In den Jahren 1903/04 entstanden 130 Bilder. Wieder wirkte sich der Parisaufenthalt wie ein kreativer Schub aus: Die Formen wurden noch einfacher. Paula

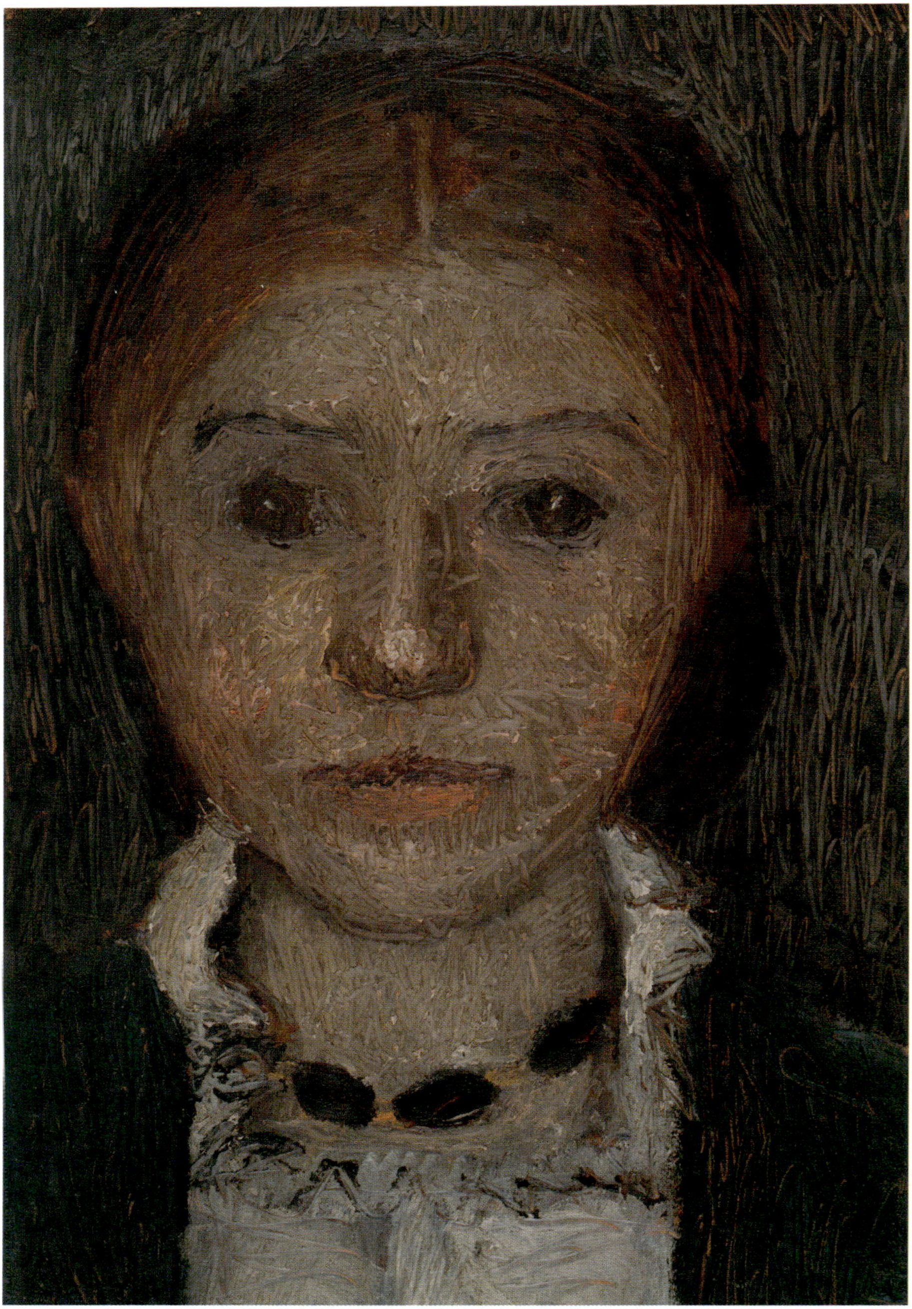

experimentierte mit neuen Techniken. Ihr „Selbstbildnis mit Kette" zeigt deutlich ein Verfahren, das sie nun öfter anwandte. In die Farboberfläche sind Striche eingeritzt, die mit der Natur des Gesichts nichts, aber alles mit der Natur des Bildes zu tun haben. „Die Oberfläche macht sie mit dem Pinselstiel kraus und kriselig", so beschrieb Otto Modersohn diese neue Technik. Die auf diese Weise „beschriftete" Oberfläche wird pastos aufgeraut und dadurch belebt. Sie gewinnt reliefartigen Reiz.

Paula Modersohn-Becker experimentierte beim Malen mit Einritzungen, um eine besondere Wirkung zu erzielen.

„Selbstbildnis mit Kette", um 1903, Pappe, 38,5 x 25,5 cm, Kunsthalle Bremen

Die Landschaft als Thema trat nun ganz in den Hintergrund. Eine Reihe von Stillleben ab 1905 zeigte eine neue Meisterschaft, die eindeutig in Paris geschult worden war.

Auch Otto Modersohn arbeitete in dieser Zeit viel. Doch seine und ihre Vorstellungen von Kunst entfernten sich voneinander. Vor allem die Bildnisse von Kleinkindern und stillenden Müttern, die Paula nun malte, lehnte er ab. Ja – sie schienen ihn sogar zu erschrecken.

Im Sommer 1903 machte das Trio Otto, Paula und Elsbeth Ferien auf Amrum. Paula schickte lustige Postkartenzeichnungen nach Hause. Doch in Worpswede zog sie sich mehr und mehr in ihr Atelier zurück. Otto klagte in seinem Tagebuch: „(…) Geistige Interessen hat Paula mehr als irgendeine. Sie malt, liest, spielt etc. Der Haushalt geht auch ganz gut – nur das Familiengefühl und Verhältnis zum Hause ist zu gering (…) etwas mehr zusammen und mit-

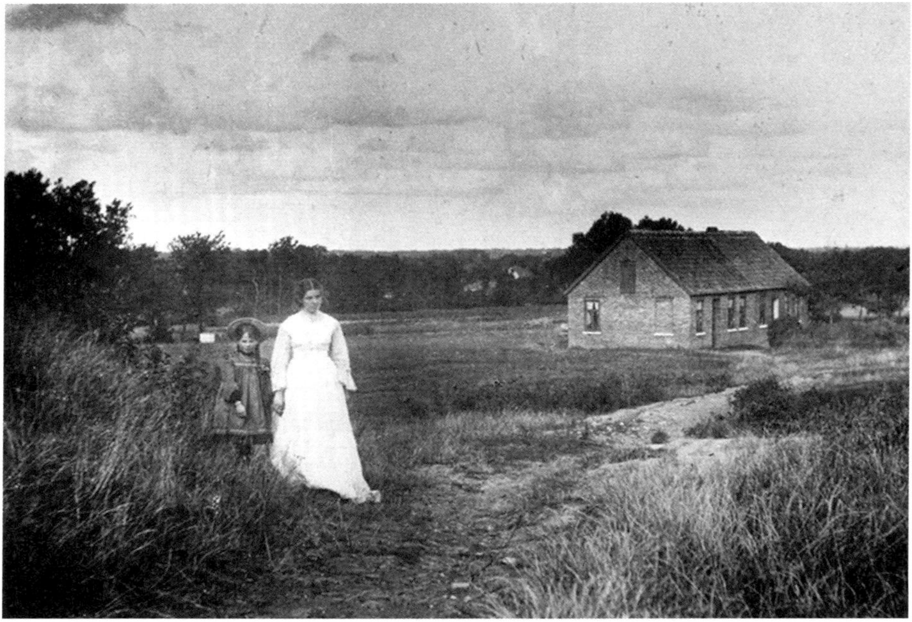

Im Jahr 1903 ließ sich Paula Modersohn-Becker mit Stieftochter Elsbeth in der Worpsweder Landschaft fotografieren. Nur die Sonntage machte sie zu Festtagen für die Familie.

einander möchte ich unser Leben haben, dann wäre es ideal zu nennen."

Doch Paulas Ansprüche als Künstlerin gingen genau in die entgegengesetzte Richtung. Als ihr Mann im Frühjahr 1904 zu seinen Eltern nach Münster reiste, übernachtete sie zum ersten Mal wieder in ihrem Atelier bei Brünjes. Der kleine Ausbruch aus dem Ehealltag machte sie glücklich. „(Ich) spiele Paula Becker, habe eben auf meinem kleinen Petroleumofen Thee gekocht und lasse nun die linde Frühlingsnacht durch all meine Fenster und all meine Poren in mich einströmen", schrieb sie an die Schwester Milly.

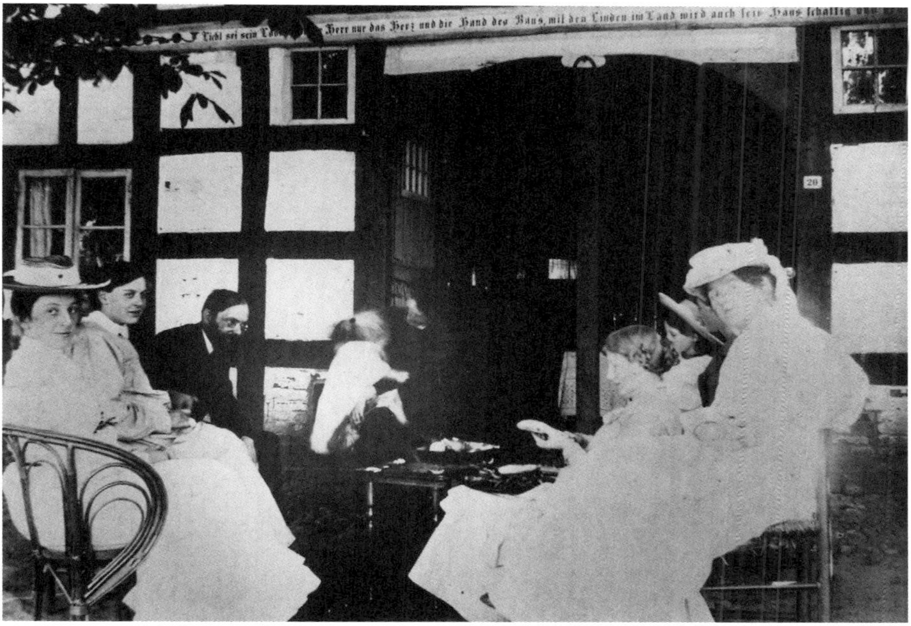

Anfang 1905 war es wieder so weit. Die Künstlerin hielt es nicht mehr in Worpswede. Im Februar machte sie sich erneut auf den Weg nach Paris. Die Mutter versorgte derweil den Haushalt. In der Rue Madame 65, fünfter Stock, fand sie ein Zimmer und meldete sich gleich in der Akademie Julian zum Aktzeichnen an – morgens von acht bis elf Uhr. Zu der vergnügten, ja übermütigen Stimmung, die jetzt aus vielen Briefen spricht, trug bei, dass sie vieles zusammen mit der jüngeren Schwester Herma unternahm. Herma verdiente als Au-pair-Mädchen Geld und studierte später Sprachen. Die beiden Schwestern verstanden

Auf dem Foto von 1904 hat sich noch einmal ein Teil der „Familie" zum Gruppenbild vereint. Von links: Herma Becker (Paulas jüngere Schwester), Philine Vogeler, Otto Modersohn, Heinrich Vogeler mit Tochter Bettina, Martha Vogeler, Elsbeth Modersohn, Paula Modersohn-Becker. Der Hausspruch über der Tür stammt von Rilke, der zu dieser Zeit allerdings längst nach Paris abgereist war.

Die Aufenthalte in Paris waren für Paula Modersohn-Becker jeweils kreative Schübe. Von Februar bis April 1905 verbrachte sie zum dritten Mal wichtige Arbeitsmonate an der Seine. Im Anschluss daran schuf sie das Bild „Flöte blasendes Mädchen im Birkenwald“, das heute im Museum in der Böttcherstraße zu sehen ist.

„Flöte blasendes Mädchen im Birkenwald“, 1905, Leinwand, 110,4 × 90,2 cm, Museen Böttcherstraße, Paula Modersohn-Becker Museum, Bremen

sich bestens, stürzten sich mit Vergnügen in den Pariser Karneval und Paula machte Otto mit den Schilderungen der Feste zum ersten Mal eifersüchtig. Als er zu ihr an die Seine reiste, wurde daraus nicht ein glückliches Wiedersehen, sondern eher die Erkenntnis, dass man sich voneinander entfernt hatte.

Paula blieb bis April. Und wieder nahm sie die avantgardistische Kunst mit freudiger Begierde auf. Sie sah eine große Ausstellung mit Werken von Paul Gauguin, besuchte Maurice Denis in seinem Atelier in Saint-Germain-en-Laye.

Paula war viel zu bürgerlich erzogen, als dass sie sich ein Leben in der damaligen Pariser Bohème hätte vorstellen können. Aber schon bei ihrem zweiten Aufenthalt in Paris, 1903, hatte sie ihre sehr deutschen Vorurteile gegen alles Französische abgelegt. Jetzt kam ihr sicher mehr als einmal der Gedanke, dass ein dauerhafter Aufenthalt in der Weltstadt der Kunst ihre Arbeit schneller voranbringen würde.

Kaum wieder in Worpswede angekommen, bat sie ihre Schwester, die in Paris geblieben war, ihr eine Biografie und eine Studie über Gauguin, Drucke von dem Künstler und den Aufsatz „L'Occident“ von Signac zu schicken. Sie verlebte eine „kratzbürstige Zeit“ mit Otto, wie sie das später beschönigend umschrieb. Auch als man wieder „sehr gut zueinander war“,

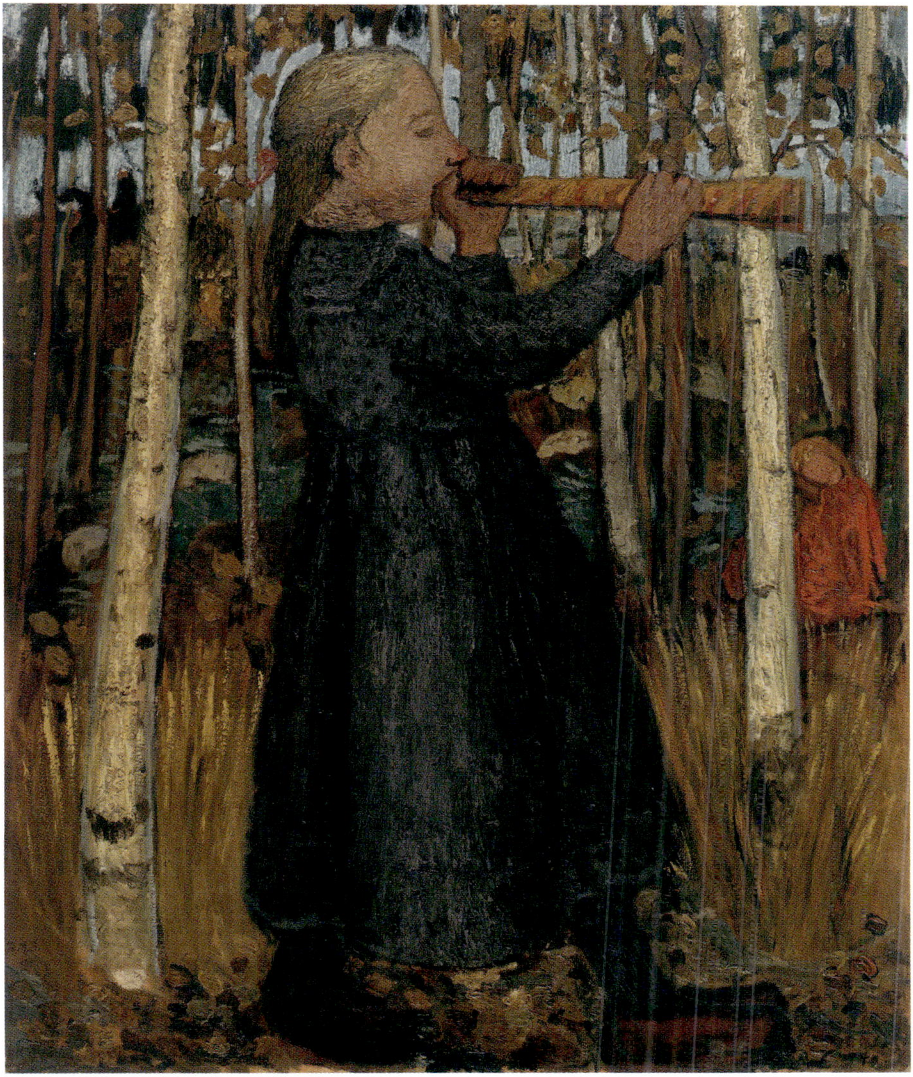

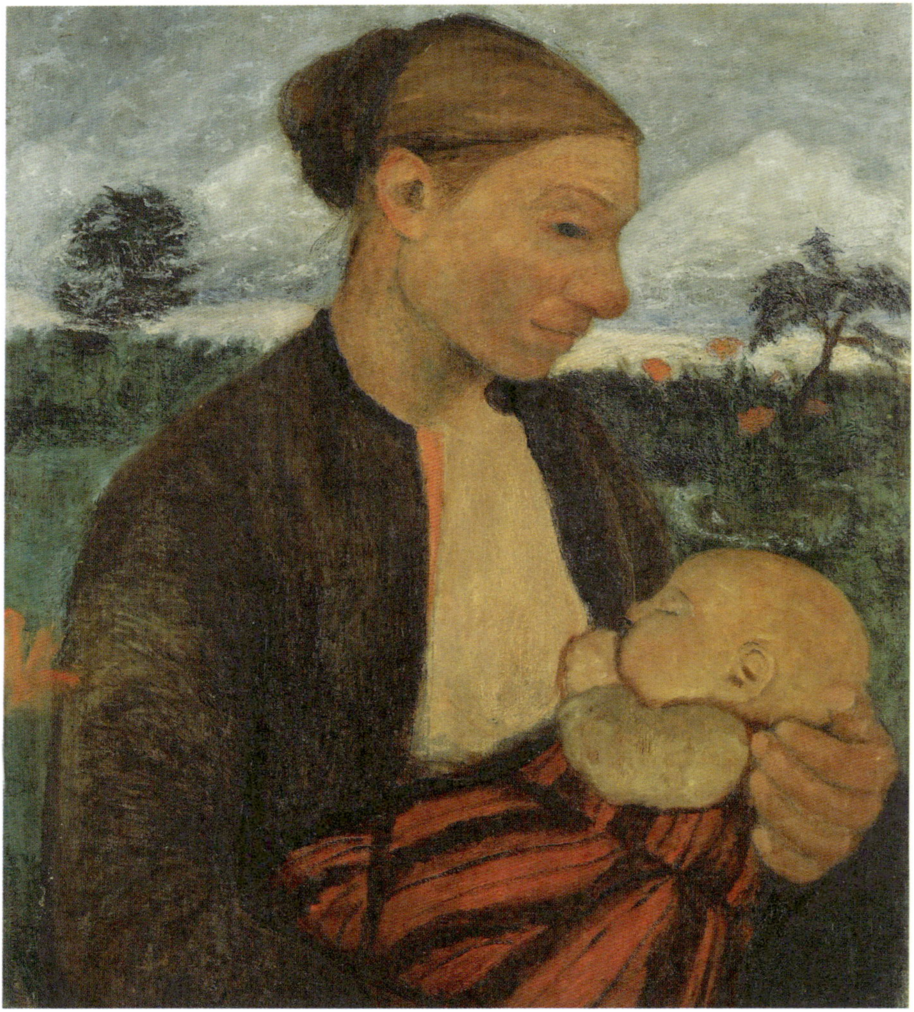

hatte sie „im tiefsten Untergrunde eine große Sehnsucht nach der Welt, hauptsächlich die langen Abende, während er bei einem Pfeifchen in einer Sofaecke sehr gemütlich aufgehoben ist –".

Im Winter 1905/06 bereitete Paula Modersohn-Becker innerlich ihren endgültigen Abschied von Worpswede vor. Im Jahr zuvor hatte sie gearbeitet wie immer. Viel Großartiges war ihr gelungen. Das Bild „Flöte blasendes Mädchen im Birkenwald" erscheint heute wie eine künstlerische Summe der Erfahrungen, die sie mit der Landschaft und den Menschen von Worpswede machte.

In seinem Tagebuch äußerte sich dagegen Otto außerordentlich barsch über ihre Kunst: „Malt lebensgroße Akte und das kann sie nicht, ebenso lebensgroße Köpfe kann sie nicht. (...) Verehrt primitive Bilder, sehr schade für sie – sollte sich malerische ansehen. Will Farbe und Form vereinigen – geht gar nicht in der Weise wie sie es macht."

Er konnte Paula Modersohn-Becker nicht in die Moderne folgen. Seit dem Sommer hatte sie jedoch wieder eine Gesprächspartnerin: Clara Rilke-Westhoff war aus Paris zurückgekommen. Die Freundinnen hatten sich einander wieder angenähert. Clara war wohl die einzige, die etwas von Paulas Ausbruchsplänen ahnte und die später auch immer Verständnis dafür zeigte. Auch Rilke wurde eingeweiht, als er

Für Paula Modersohn-Becker gehörten das Kindergebären und die Mutterschaft zu den großen Mysterien des Lebens, das sich in ihren zahlreichen Mutter-Kind-Bildern zeigt.

„Mutter mit Kind", um 1903, Leinwand, 69 x 58 cm, Hamburger Kunsthalle

Das Gemälde „Kniende Mutter mit Kind an der Brust“, heute im Besitz der Nationalgalerie Berlin, war durch viele Skizzen vorbereitet worden. Mit diesem Bild und seinem protokubistischen Tenor gehörte die Künstlerin endgültig zu den Wegbereitern der Moderne.

„Kniende Mutter mit Kind an der Brust“, Herbst 1906, Leinwand, 113 x 74 cm, Staatliche Museen zu Berlin, Nationalgalerie

Weihnachten nach Worpswede kam. Zum ersten Mal schaute er sich ihre Bilder wirklich an und – was bisher noch niemand getan hatte – kaufte ein Werk: „Säugling mit der Hand der Mutter“, das heute in der Bremer Kunsthalle zu sehen ist.
Ihren Dankesbrief an Rilke, wenige Tage vor dem Aufbruch nach Paris noch in Worpswede geschrieben, beschließt die Künstlerin: „Und nun weiß ich gar nicht, wie ich mich unterschreiben soll. Ich bin nicht Modersohn und ich bin auch nicht mehr Paula Becker. Ich bin Ich, und hoffe, es immer mehr zu werden.“

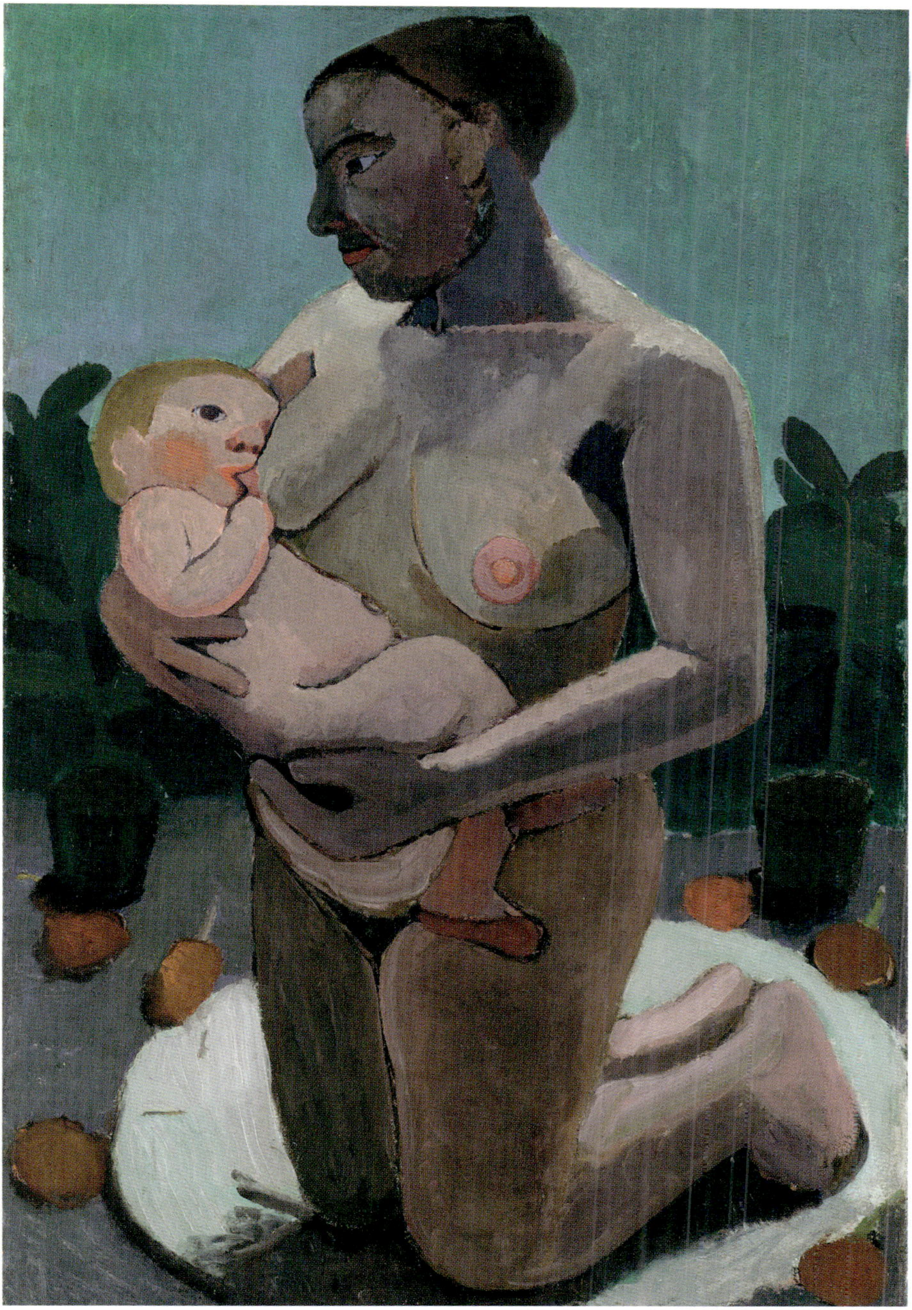

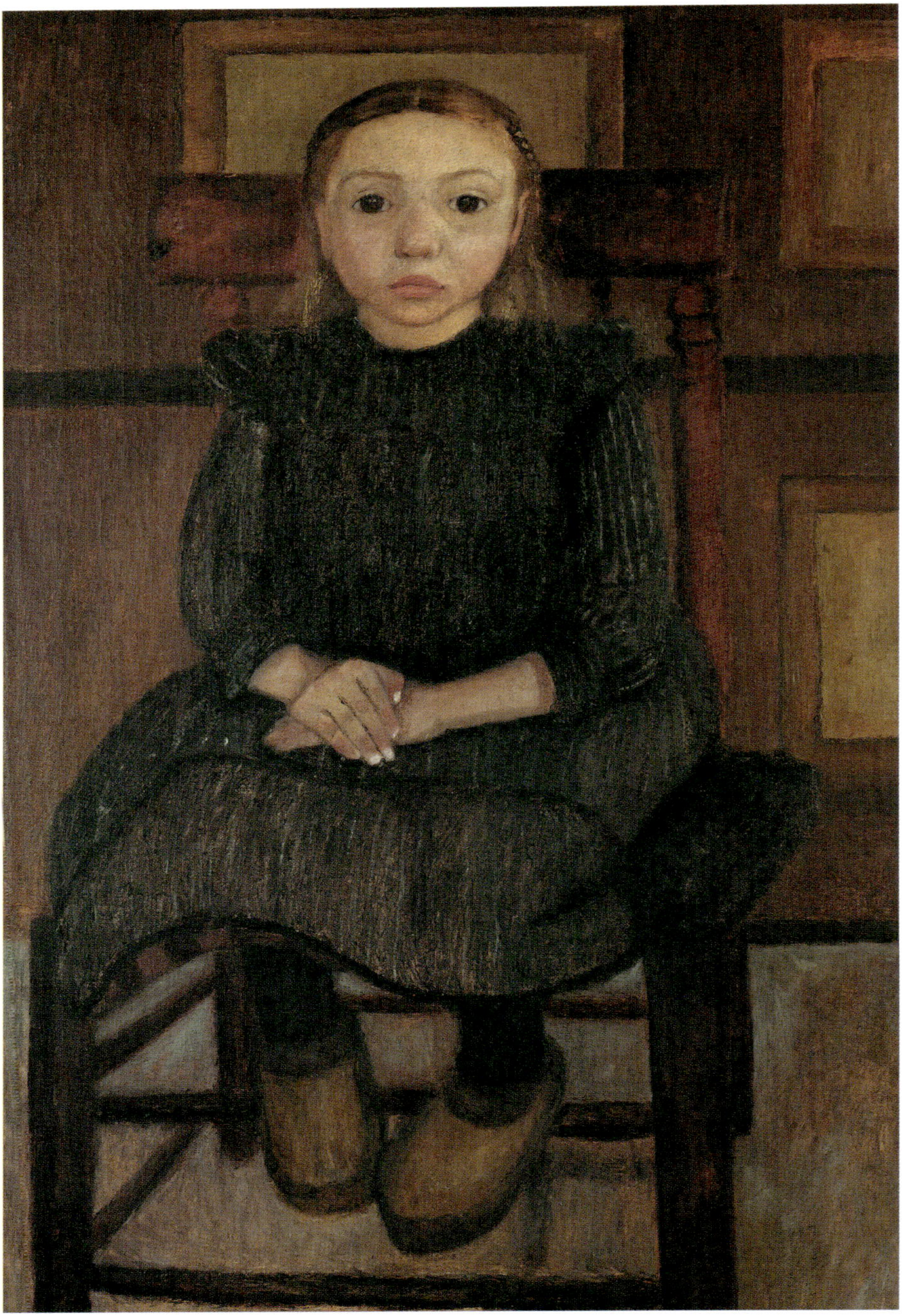

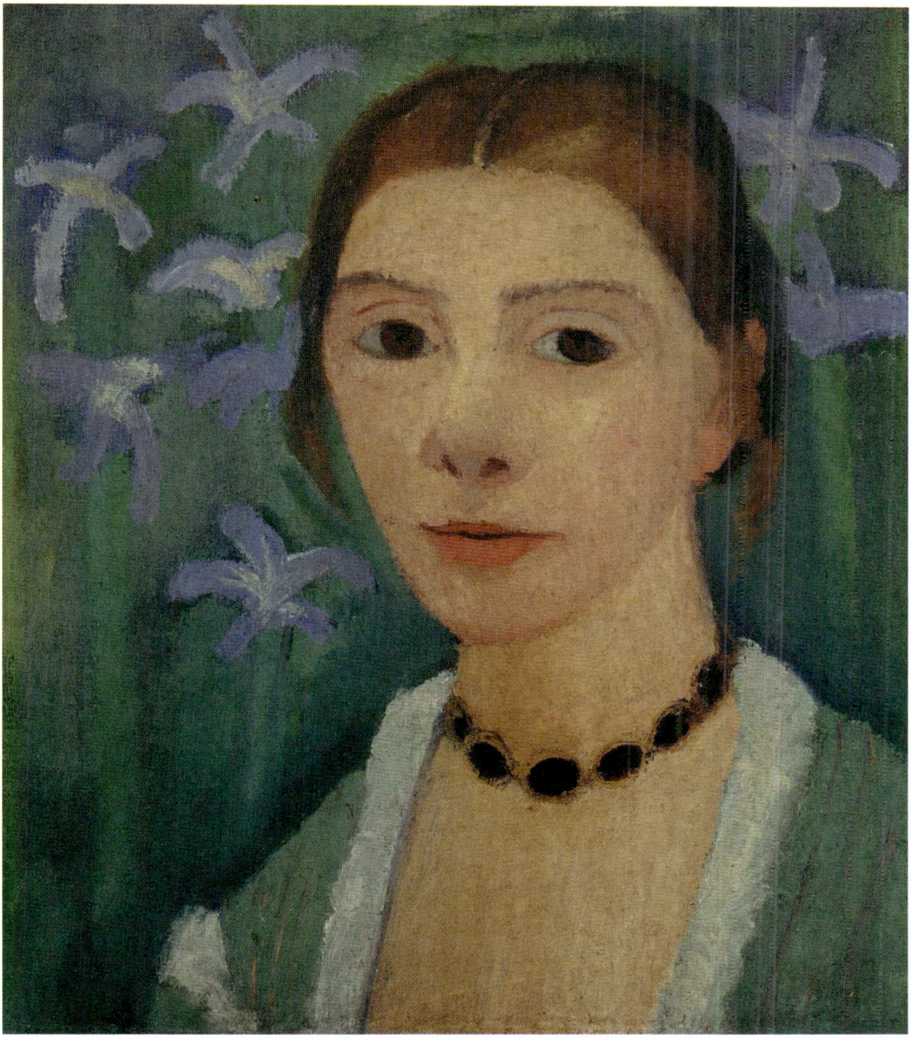

Etwa zwei Drittel der über 400 Figurenbilder von Paula Modersohn-Becker stellten Kinder dar. Für ihre Selbstporträts war der Blick das zentrale Motiv.

„Worpsweder Bauernkind auf einem Stuhl sitzend“, um 1905, Leinwand, 90 x 60 cm, Kunsthalle Bremen

„Selbstbildnis mit grünem Hintergrund und blauer Iris“, um 1905, Leinwand, 40,7 x 34,5 cm, Kunsthalle Bremen

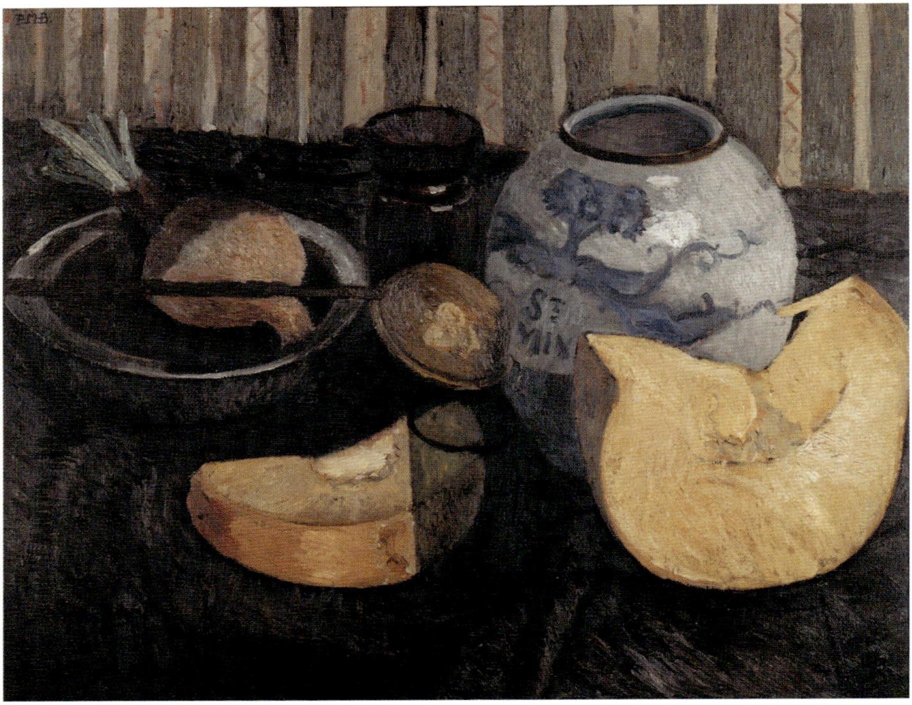

Die Stillleben von Paul Cézanne haben Paula Modersohn-Becker sehr beeinflusst. Gustav Pauli, der die Bremer Kunsthalle seit 1899 leitete, schrieb 1906, dass die Künstlerin seit einiger Zeit in Paris unter dem Einfluss der dortigen unvergleichlichen Kultur, namentlich Cézannes, lebte, sei nicht zum Schaden bei ihr fühlbar.

„Stillleben mit Kürbis und Ingwertopf", um 1905, Leinwand, 75 x 95 cm, Von der Heydt-Museum, Wuppertal

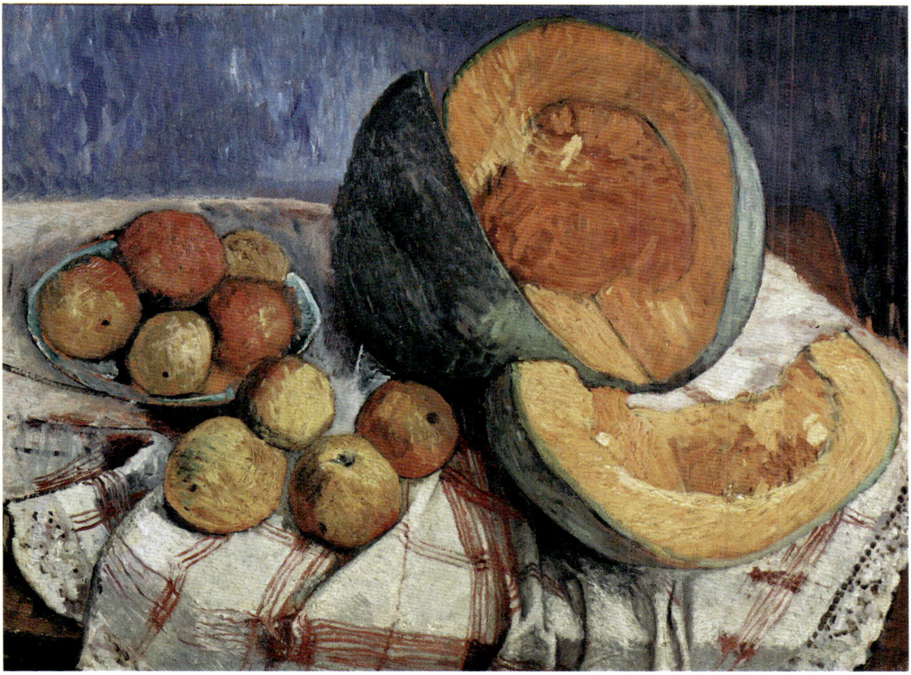

„Stillleben mit Kürbis“,
um 1905, Pappe,
69,5 x 89,5 cm, Museum
Ludwig, Köln

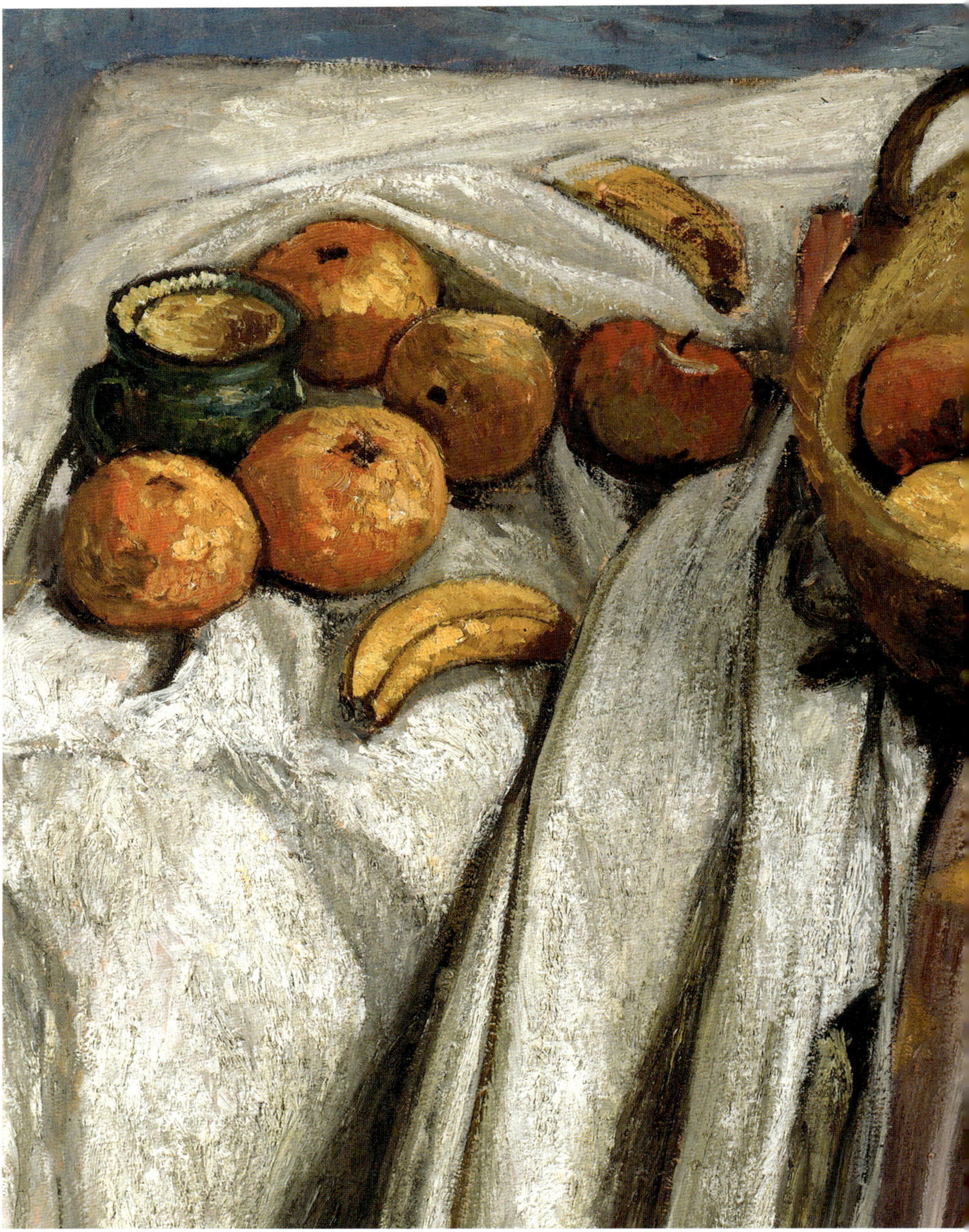

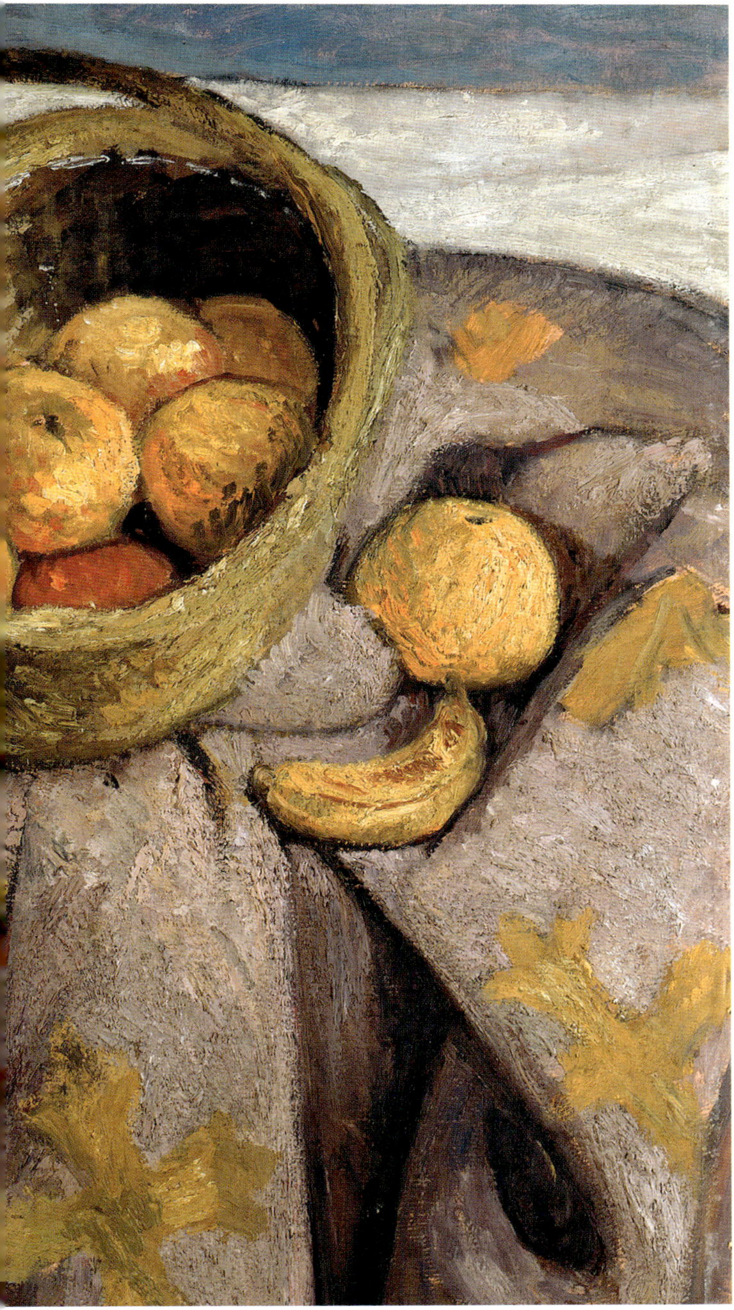

„Stillleben mit Äpfeln und Bananen“ (Ausschnitt), um 1905, Leinwand, 68 x 84 cm, Kunsthalle Bremen

Paris, Worpswede: *Trennung, Rückkehr und früher Tod*

Paula brach in der Nacht nach Otto Modersohns 41. Geburtstag nach Paris auf. Sie war wenige Tage vorher 30 Jahre alt geworden. Eine Künstlerin von 30 Jahren, die sich vorgenommen hatte, noch bewusster und ausschließlicher ihr Ziel anzustreben.
In der Avenue du Maine 14 richtete sie sich ein improvisiertes Atelier ein und begann sofort wieder zu arbeiten. Eine Italienerin mit ihrem Kind stand ihr Modell. In der École des Beaux-Arts besuchte sie Anatomiekurse und hörte Vorlesungen. Ihr Briefwechsel mit Otto in dieser Zeit zeigt, dass nicht nur er litt, sondern dass auch sie immer wieder dunklen Stimmungen verfiel. Zu ihrer Enttäuschung hatte niemand in ihrer Familie Verständnis für ihre Entscheidung, nicht einmal Herma, die sie in Paris wiedertraf.
Als Schwestern blieben sich Paula und Herma jedoch sehr vertraut. Die Jüngere hat später beschrieben, wie intensiv die Künstlerin damals arbeitete: „Ich habe es in Paris erlebt, wo ich gelegentlich auf dem Bilderboden der hohen Atelierwohnung übernachtete, daß ich sie erwachend beobachtete, wie sie im Arbeitskrampf und Arbeitsrausch auf ihrem Lager nicht Ruhe fand und mitten in der Nacht an ihren Bildern mit einer Kerze herumleuchtete, prüfend, verurteilend und anerkennend und für die Tagesarbeit neue Impulse empfangend (...). Kaum daß ihr das atemlose Arbeiten Zeit

Paris, 14 Avenue du Maine, war Paula Modersohn-Beckers Adresse nach ihrem, wie sie glaubte, endgültigen Abschied von Worpswede. In dem ruhig zu einem Innenhof gelegenen Atelier arbeitete sie von früh bis spät. Zusammen mit Rilke und seiner Frau Clara besuchte sie Ausstellungen. Sie lernte neue Menschen kennen und war zuversichtlich, in ihrer Kunst endlich den Durchbruch zu schaffen.

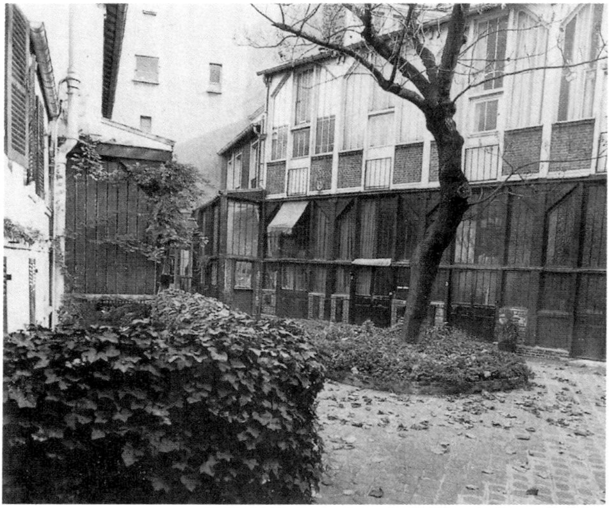

Diese Kohlezeichnung aus einem ihrer Skizzenbücher „Pariser Straße mit Kapuzenkind" aus dem Jahr 1906 ist ein Beispiel dafür, wie die Künstlerin versuchte, sich nun zunehmend neue Motive zu erschließen. Die großen Gemälde dieser Zeit galten noch dem Thema Mutter und Kind.

„Pariser Straße mit Kapuzenkind", um 1905/1906, Kohle, 29,5 x 22 cm, Paula Modersohn-Becker Stiftung, Bremen

ließ zu einem kleinen kalten Imbiß von Brot und Früchten, was in jenem Frühjahr 1906 in Paris wochenlang fast ihre ganze Nahrung ausmachte."

In den letzten beiden Lebensjahren von Paula Modersohn-Becker entstehen 90 Gemälde, unter anderem auch unterschiedliche Stillleben und eine Fülle von Zeichnungen aus dem Pariser Straßenleben. Ein Hauptthema ist die Darstellung von Mutter und Kind. Von äußerster Intimität ist ein Gemälde, das heute im Museum in der Böttcherstraße hängt. Eine „Liegende Mutter mit Kind", schlafend auf einer hellen Decke. Der schwere nackte Körper der Mutter ist dem Betrachter zugewandt. Das kleine nackte Kind ist am Körper der Mutter geborgen, liegt in ihren beschützenden

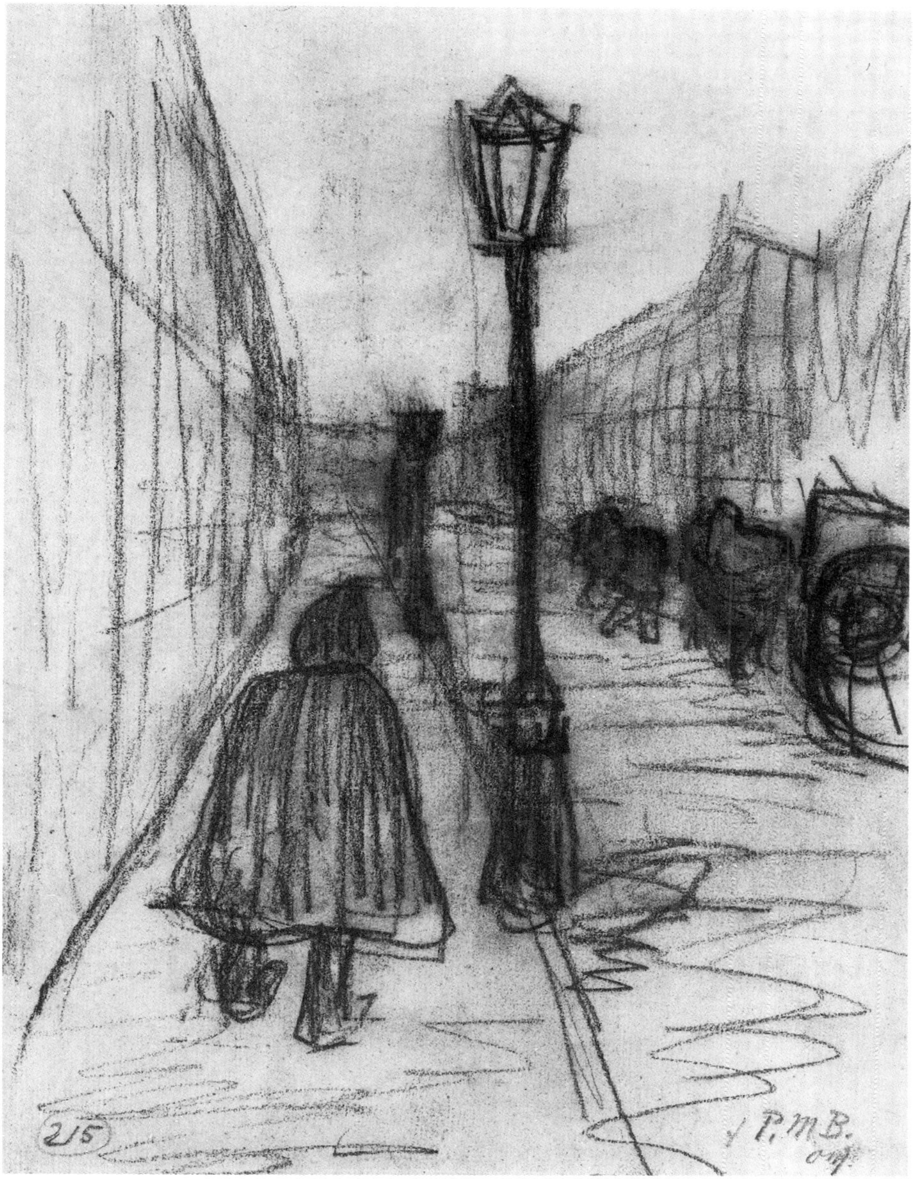
215
P.M.B.

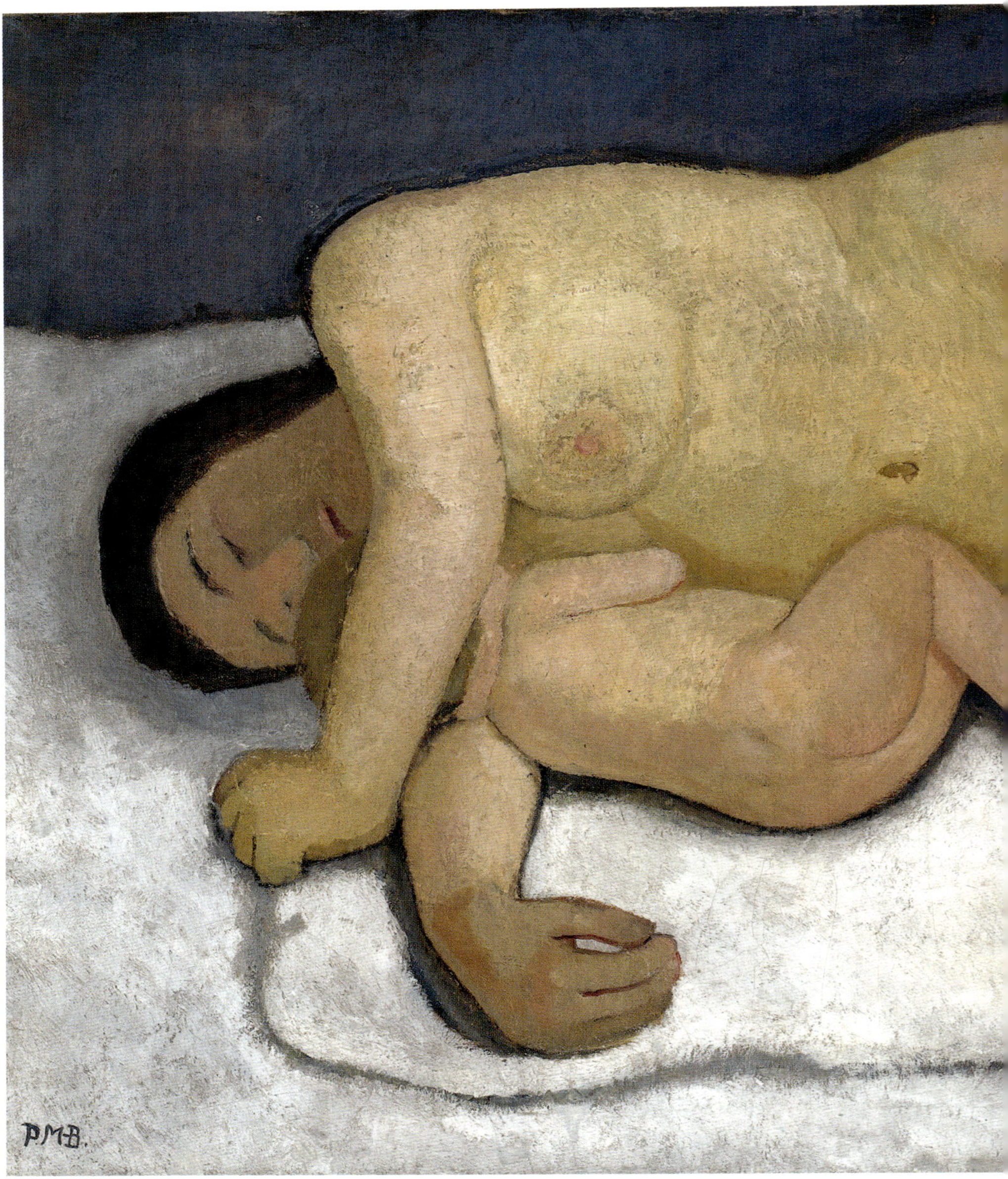
P.M-B.

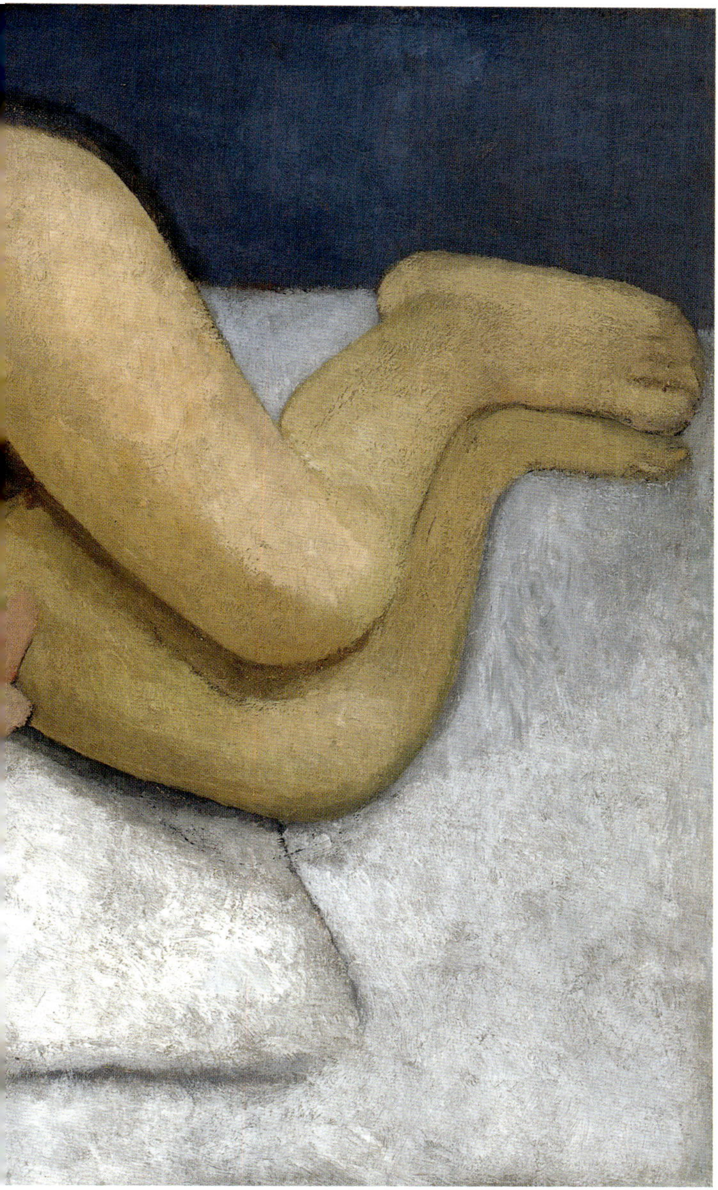

„Liegende Mutter mit Kind II", Sommer 1906, Leinwand, 82,5 x 124,7 cm, Museen Böttcherstraße, Paula Modersohn-Becker Museum, Bremen

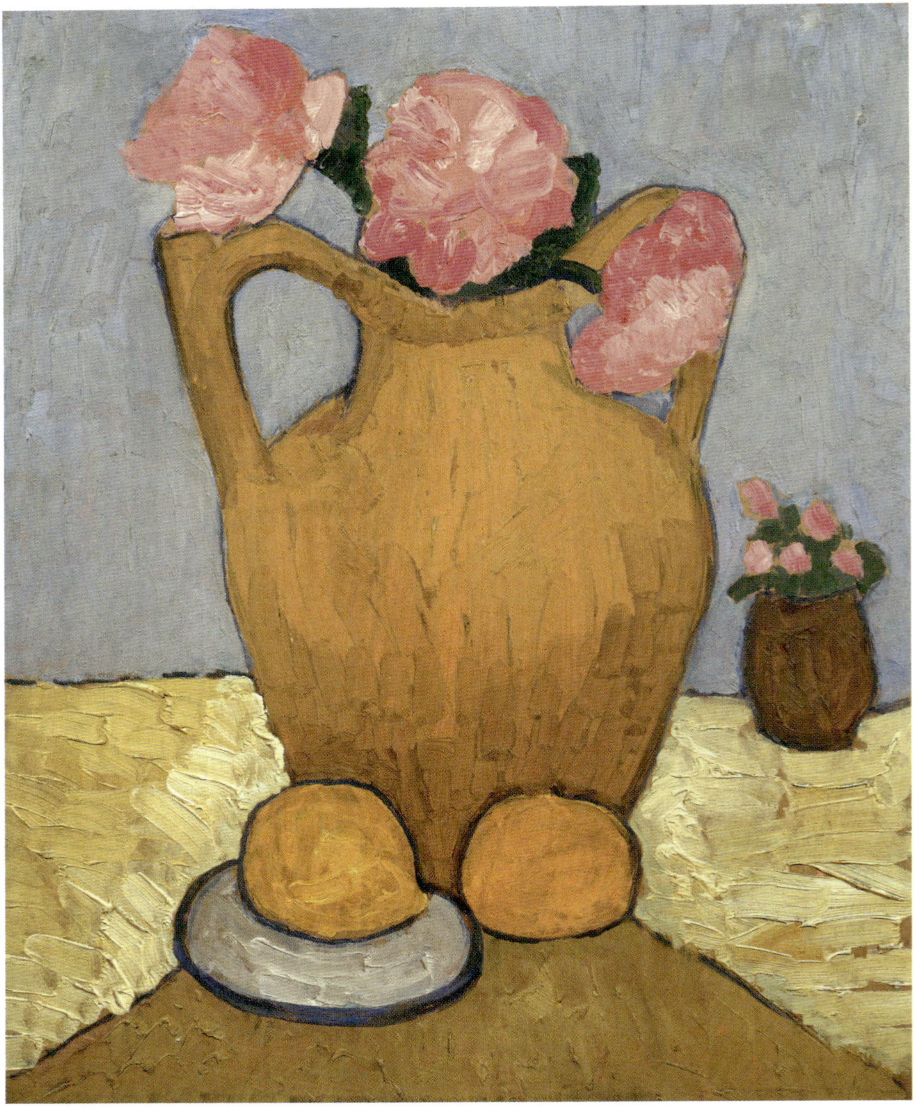

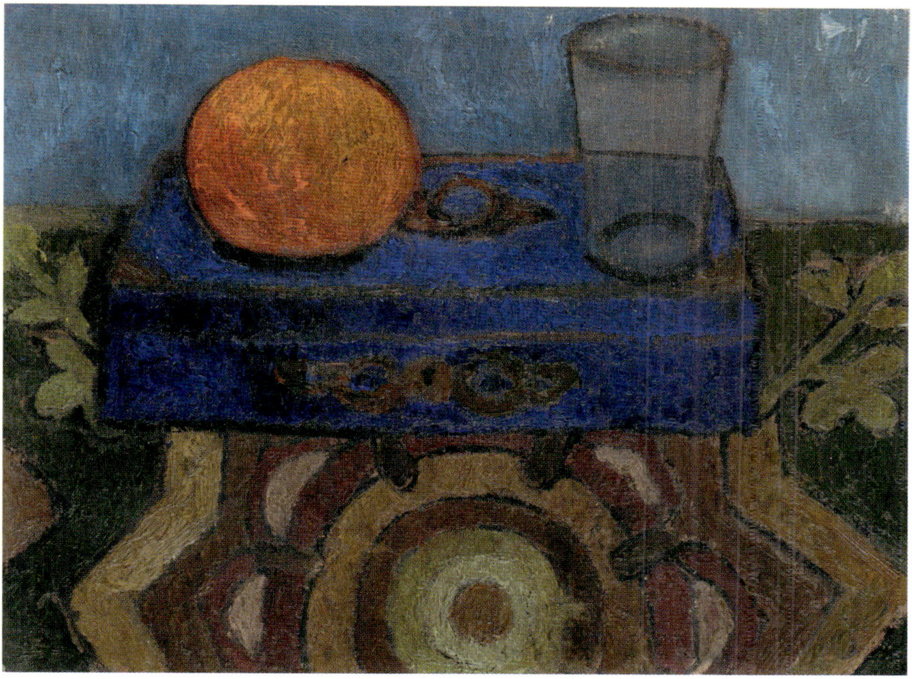

„Stillleben mit Tonkrug, Pfingstrosen und Apfelsinen“, Mai/Juni 1906, Pappe, 61,5 x 49 cm, Kunsthandel Wolfgang Werner, Bremen/Berlin

„Stillleben mit blauem Kasten“, 1907, Leinwand, 46,5 x 55,4 cm, Paula Modersohn-Becker Stiftung, Bremen

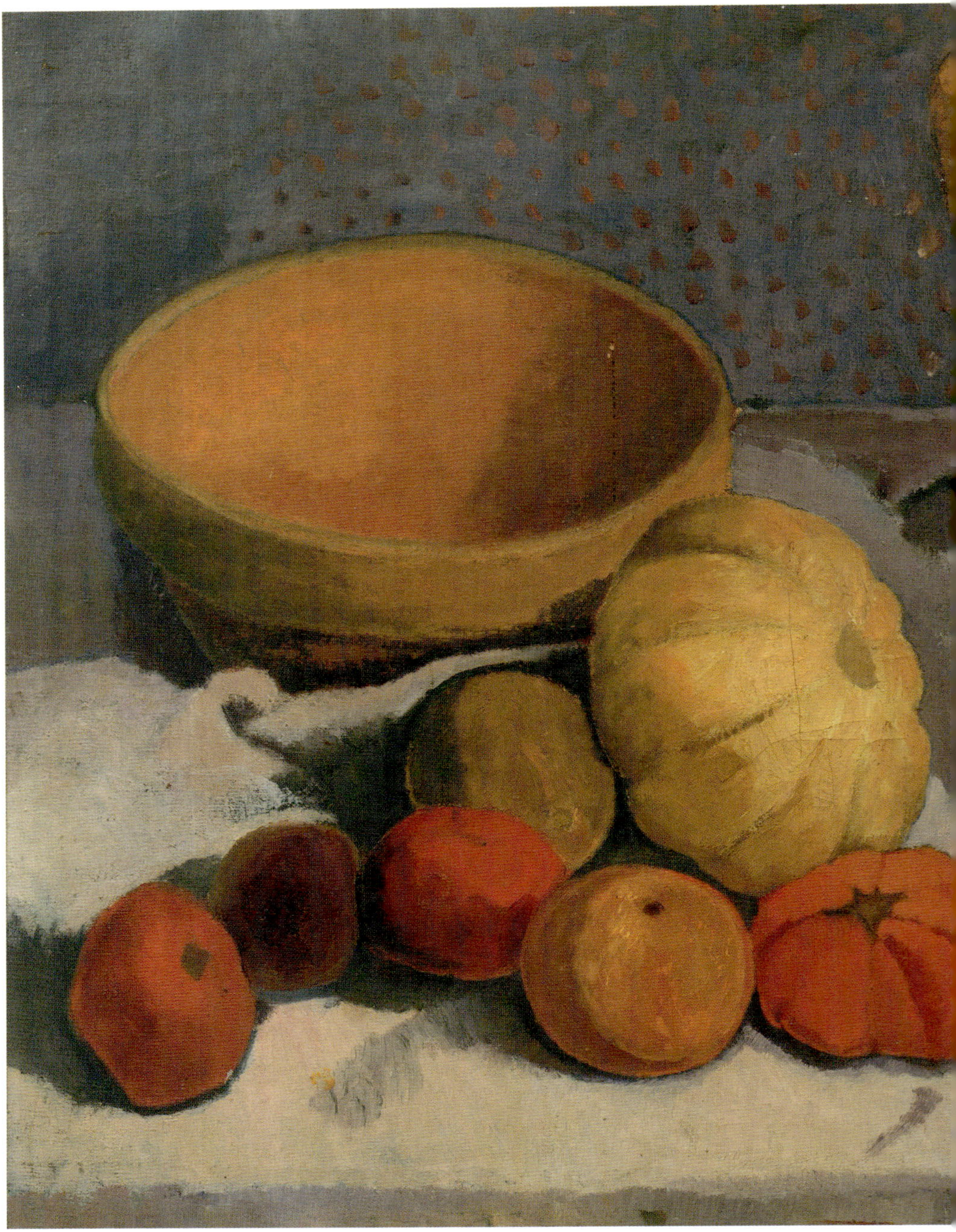

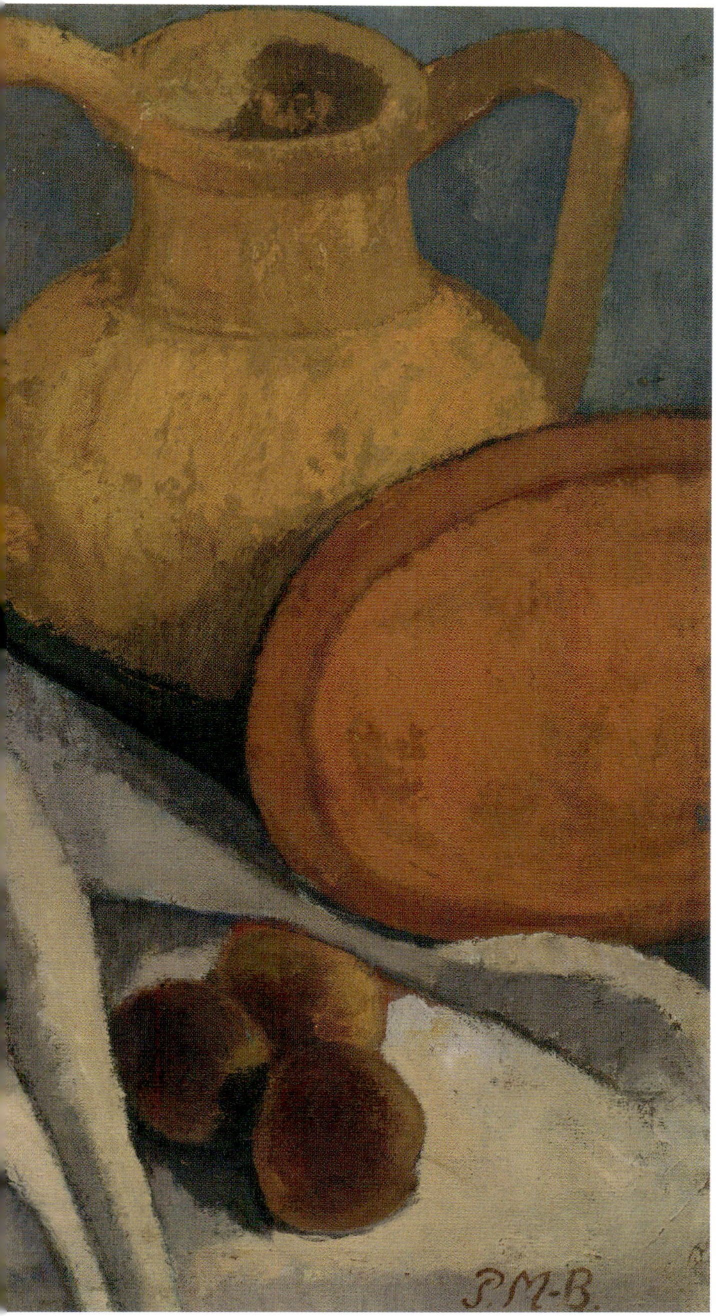

Dieses Gemälde besticht durch seine warmen Farben im harmonischen Akkord aus Gelb, Braun und Rot.

„Stillleben mit gelbem Napf und Tonkrug“, Mai/Juni 1906, Leinwand, 65,8 x 84 cm, Privatbesitz, USA

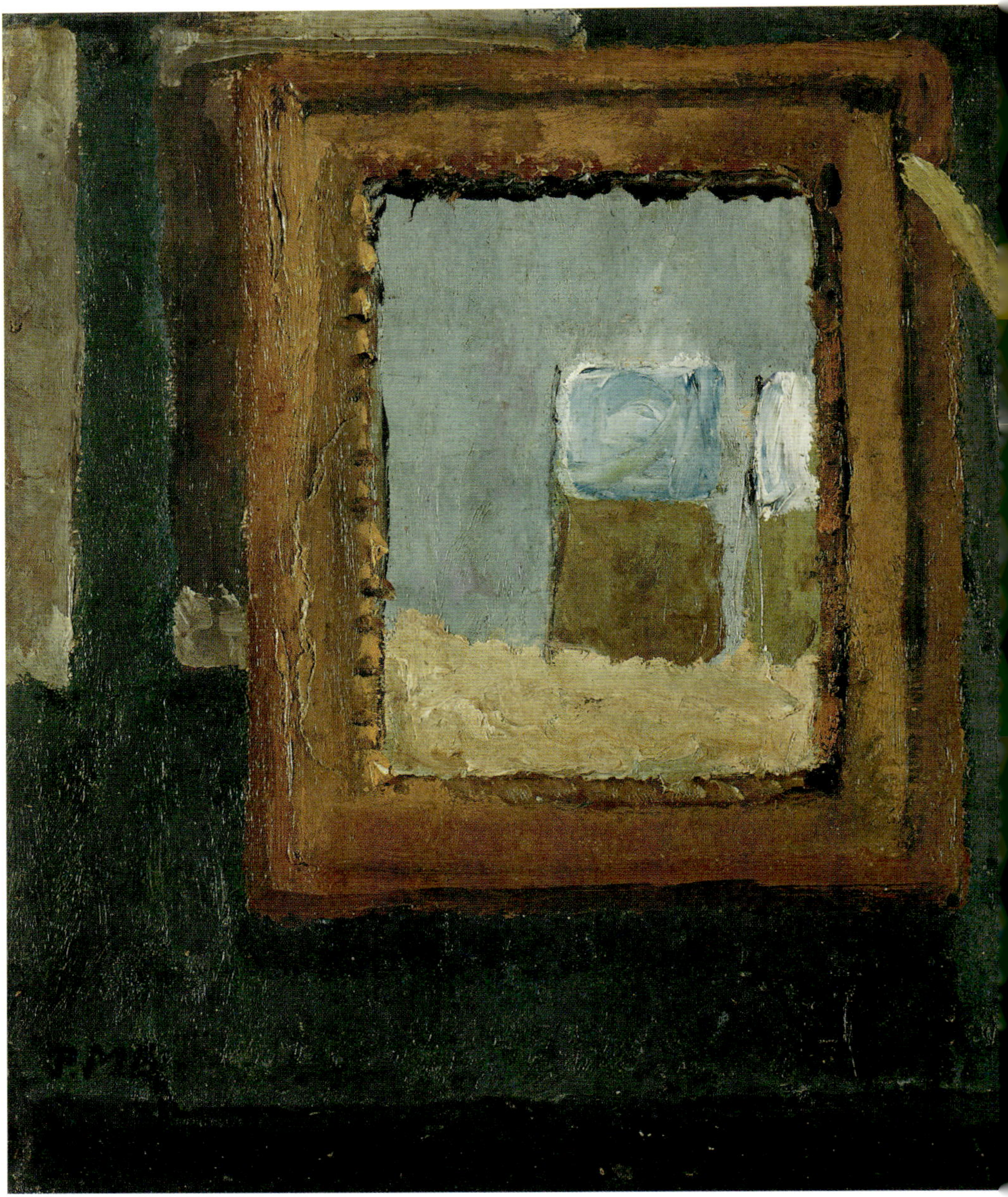

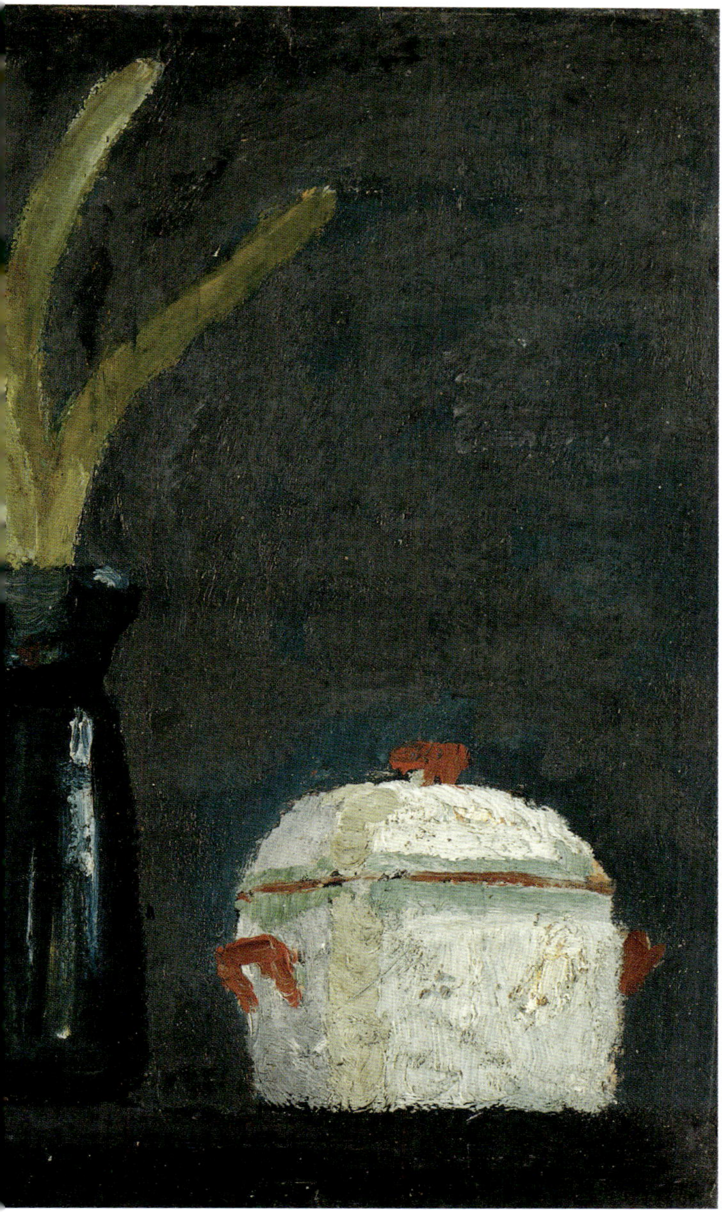

Als Paula Modersohn-Becker 1905 zum dritten Mal in Paris arbeitete, entstanden 18 der rund 70 Stillleben, die sie insgesamt malte.

„Stillleben mit Zuckerdose und Hyazinthe im Glas", um 1905, Pappe, 35,5 x 51,5 cm, Kunsthalle Bremen

Die Malerin hatte den Wissenschaftler Werner Sombart Ende 1905 bei einer Einladung zu Carl Hauptmann in Schreiberhau im Riesengebirge kennengelernt und traf ihn einige Wochen später wieder in Paris.

„Bildnis Werner Sombart", Frühjahr 1906, Leinwand, 50 x 46 cm, Kunsthalle Bremen

Armen. Eher an mittelalterlichen Madonnenbildern orientiert ist eine Mutter-und-Kind-Darstellung, bei der das Kind auf den Knien der Mutter sitzt und eine Orange in der Hand hält. Den Höhepunkt dieser Motivserie erreichte die Künstlerin wenige Monate später in dem protokubistischen Bild „Kniende Mutter mit Kind an der Brust" (1906, siehe auch Seite 111), einer schweren Frauengestalt auf einer runden weißen Scheibe.
Jetzt entsteht auch der anfangs beschriebene Halbakt (siehe Seite 9), das Selbstbildnis der Künstlerin mit der Inschrift „Dies malte ich mit 30 Jahren an meinem 6. Hochzeitstage. P. B." Die reiche Zahl der Selbstbildnisse findet in dieser Zeit ein Pendant in vier Porträts, die die Künstlerin von befreundeten Personen malt. Das Porträt mit roter Rose von Clara Rilke-Westhoff (Seite 47) wurde bereits im Herbst 1905 in Worpswede geschaffen. Anfang 1906 entsteht das Bildnis Werner Sombarts. Die Modersohns waren dem Wissenschaftler auf einer Winterreise ins Riesengebirge nach Schreiberhau im Hause des Schriftstellers Carl Hauptmann, Bruder von Gerhart Hauptmann, begegnet. Paula hatten die lebhaften Gespräche mit dem 13 Jahre älteren Mann beeindruckt. Sombart, der heute als einer der Gründerväter der deutschen Soziologie Ansehen genießt, war ein begnadeter Redner.

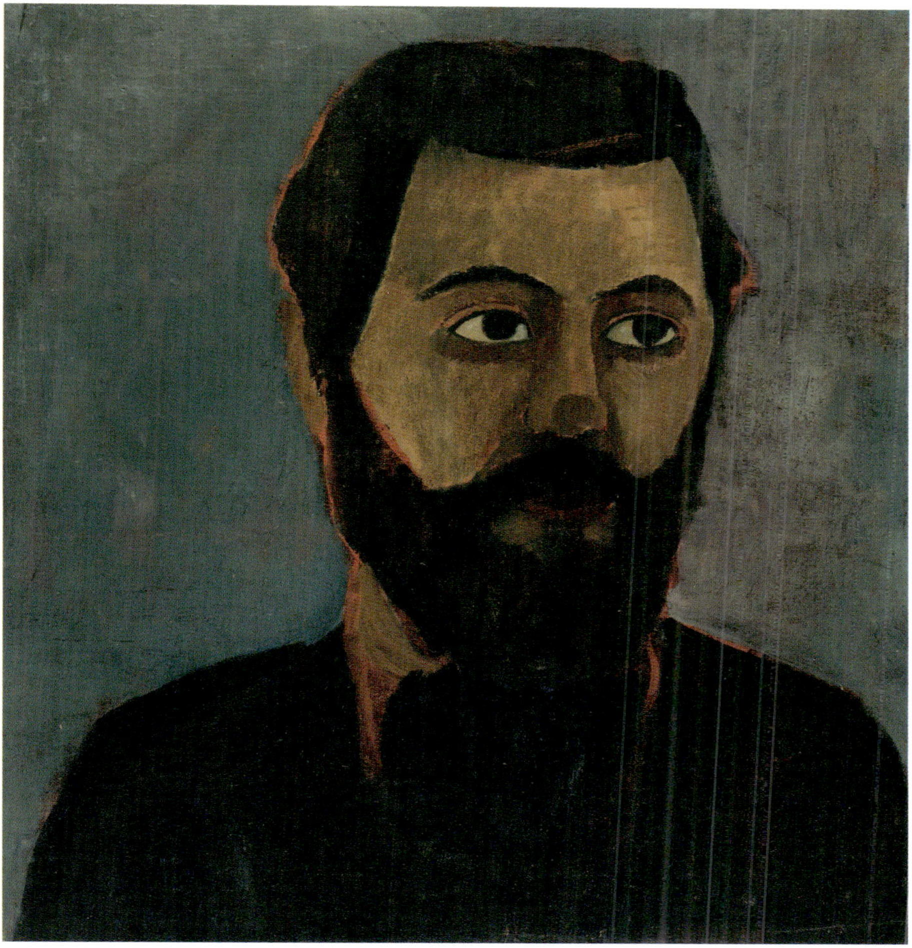

Der Dichter Rainer Maria Rilke war ziemlich entsetzt über das Porträt, das seine Freundin Paula im Frühjahr 1906 in Paris von ihm malte. Die Künstlerin schätzte den Dichter sehr. Wie scharfsichtig sie ihn beobachtete, ist schon in ihren Briefen nachzulesen, die sie während Rilkes erstem Besuch in Worpswede, im Sommer 1900, an ihre Familie über ihn schrieb.

„Bildnis Rainer Maria Rilke", Mai/Juni 1906, Pappe, 32,2 x 25,4 cm, Privatbesitz

Die Malerin verlieh seinem Porträt einen fast klassischen Zug von Schönheit und Ernst. Das ebenmäßige Gesicht ist dunkel gerahmt durch die scharf abgegrenzte Fläche von Bart und Haupthaar. Schön geschwungene Brauen unterstreichen die dunklen mandelförmigen Augen.

In krassem Gegensatz zu diesem idealisierenden Bildnis steht das Porträt Rilkes, das Paula Modersohn-Becker im Mai/Juni 1906 in Paris malte. Der Dichter und die Künstlerin hatten sich wieder angefreundet. Rilke interessierte sich inzwischen für ihre Kunst und lud sie zu kulturellen Ereignissen ein, die ihr förderlich sein konnten. Doch sein Bildnis erschreckte ihn derartig, dass er die Sitzungen bei der Freundin vorzeitig abbrach. Das Porträt ist das Psychogramm eines begnadeten, aber von Lebensangst erfüllten Poeten. In dem fleckigen hellen Teint erscheint der leicht offen stehende rote Mund wie eine Wunde. Der schüttere Bart lässt das Kinn durchscheinen. Die im Gesicht verschwimmenden Augen wirken durch einen breiten rosa Rand wie entzündet oder übermüdet. Es mag den Dichter kaum getröstet haben, dass sich die Malerin auf einem Selbstbildnis aus der gleichen Zeit ebenfalls mit diesen rosa geränderten Augen zeigt. Ein Hinweis auf die schmerzvolle Anstrengung, mit der der Künstler in die Welt blickt? Es fiel Rilke jedenfalls schwer, sich so zu sehen.

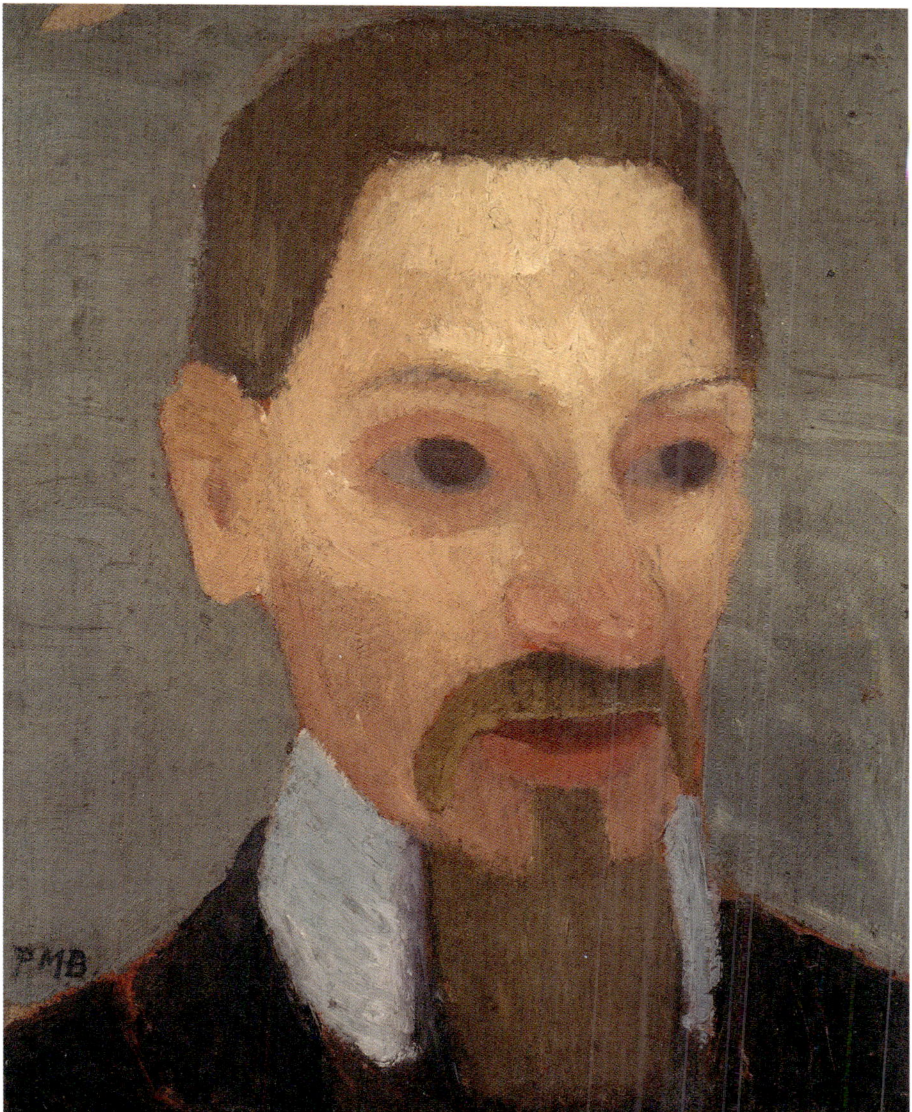
PMB.

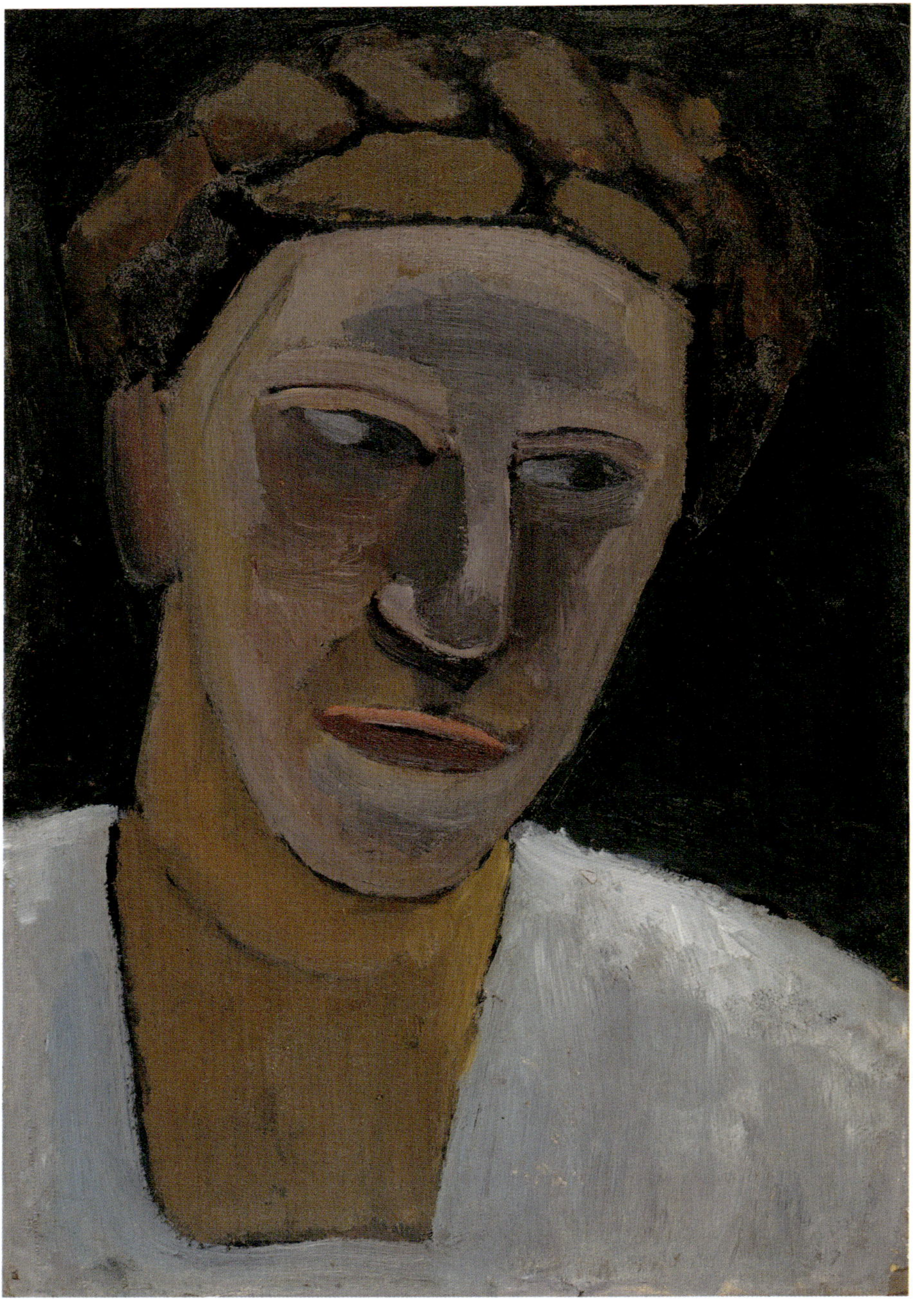

Einen ganz anderen Charakter zeigen die zwei Brustbildnisse und das Halbfigurenporträt der Lee Hoetger, Ehefrau des Bildhauers Bernhard Hoetger. Die Malerin hatte das Paar Mitte April in Paris kennengelernt. Im August saß Lee ihr Modell. Das Bildnis hat eine leichte Anmutung an die naive Malerei. Es lebt von den leuchtenden Farben des hellblauen Kleides, der roten Blumen und orangen Früchte vor gelbem Himmel sowie von der großen Ruhe, die die dunkelhaarige Frau ausstrahlt.

Das Ehepaar Hoetger lernte Paula Modersohn-Becker 1906 in Paris kennen.

„Brustbild Lee Hoetger", August 1905, Papier auf Pappe, 41 x 28 cm, Privatbesitz, Bremen

Bernhard Hoetger wurde in Paris für Paula Modersohn-Becker eine überaus wichtige Bekanntschaft. Er äußerte sich begeistert über ihre Malerei. Eine Anerkennung, nach der die Künstlerin dürstete und die sie überaus glücklich machte. Sie bedankte sich überschwänglich: „Daß Sie an mich glauben, das ist der schönste Glaube von der ganzen Welt, weil ich an Sie glaube (...). Sie haben mir Wunderbares gegeben. Sie haben mich selber mir gegeben. Ich habe Mut bekommen. Mein Mut stand immer hinter verrammelten Toren und wußte nicht aus noch ein. Sie haben die Tore geöffnet." Und an die ältere Schwester Milly schrieb sie zur selben Zeit: „Ich werde etwas – ich verlebe die intensiv glücklichste Zeit meines Lebens."

In einem herzbewegenden Brief erinnerte die Mutter Paula an ihr Worpsweder Heim: „Ich kenne im ganzen Leben keinen Menschen, der die Kraft hat, sein Haus, seinen Tisch, seine Gäste so mit Lebensfülle zu durchwärmen wie Dir es verliehen ist." Sie berichtete außerdem ins ferne Paris, dass der verlassene Otto sich in seinem Atelier mit Paulas Stillleben umgeben habe, mit ihren Farben male und ihrer beider Bilder verglich.

Paula war glücklich in der neuen Freiheit. Sie arbeitete so viel wie nie zuvor. Als Otto zu Pfingsten nach Paris kam, erlebten die beiden ein paar angespannte Tage miteinander. Die Künstlerin war sicher, für sich und ihre Arbeit die richtige Entscheidung getroffen zu haben. Aus dieser Selbstgewissheit heraus schrieb sie Otto Modersohn am 3. September 1906 einen endgültigen Abschiedsbrief, in dem sie ihre Entscheidung bekräftigte: „Gieb mich frei, Otto. Ich mag dich nicht zum Manne haben. Ich mag es nicht. Ergieb Dich drein. Foltere Dich nicht länger."

Sechs Tage später jedoch widerrief sie ihren Entschluss: „Mein herber Brief war aus einer großen Verstimmung heraus geschrieben (...). Auch war mein Wunsch, kein Kind zu bekommen doch ganz vorübergehend und stand auf schwachen Füßen (...). Wenn Du mich überhaupt noch nicht aufgegeben hast, so komme bald her, daß wir uns versuchen wieder zu finden."

Was war passiert? Otto und der Schwester Milly schrieb sie, dass es Bernhard Hoetger war, der sie in einem langen Gespräch umgestimmt hatte. Sein Hauptgrund mag gewesen sein, dass Paula zu dem Zeitpunkt finanziell noch völlig von ihrem Mann abhängig war und er sich nicht vorstellen konnte, wie sie ihren Unterhalt selbst verdienen wollte. Genau wissen wir nicht, was letztendlich ihren Sinneswandel bestimmte.

Er wird immer ein wenig rätselhaft bleiben. Doch spricht aus allen zukünftigen Zeugnissen, die es von Paula Modersohn-Becker geben wird, immer eher Vernunft, untermischt mit leichter Resignation. Der frühere Übermut und die Selbstgewissheit der alten Zeit sind verloren gegangen.

Die letzte Lebensphase der Künstlerin beginnt mit der Ankunft Otto Modersohns in Paris. Er mietet sich ein Atelier im selben Haus wie sie, am Boulevard Montparnasse 49, und verbringt den Winter mit ihr in der französischen Hauptstadt. Beide arbeiten viel. Im November stellt die Bremer Kunsthalle einige Bilder von Paula Modersohn-Becker aus. Gustav Pauli, der als Leiter des Museums später ihr Werk sehr förderte, bespricht die Ausstellung äußerst positiv. Noch vor Weihnachten fasst die Künstlerin den Entschluss, im Frühling wieder mit ihrem Mann nach Worpswede zurückzugehen. Anfang März weiß sie, dass sie ein Kind erwartet. Nachdem sie in Paris noch die Ausstellung mit Werken von Cézanne aus der Sammlung Pellerin gesehen hat, kehrt sie heim.

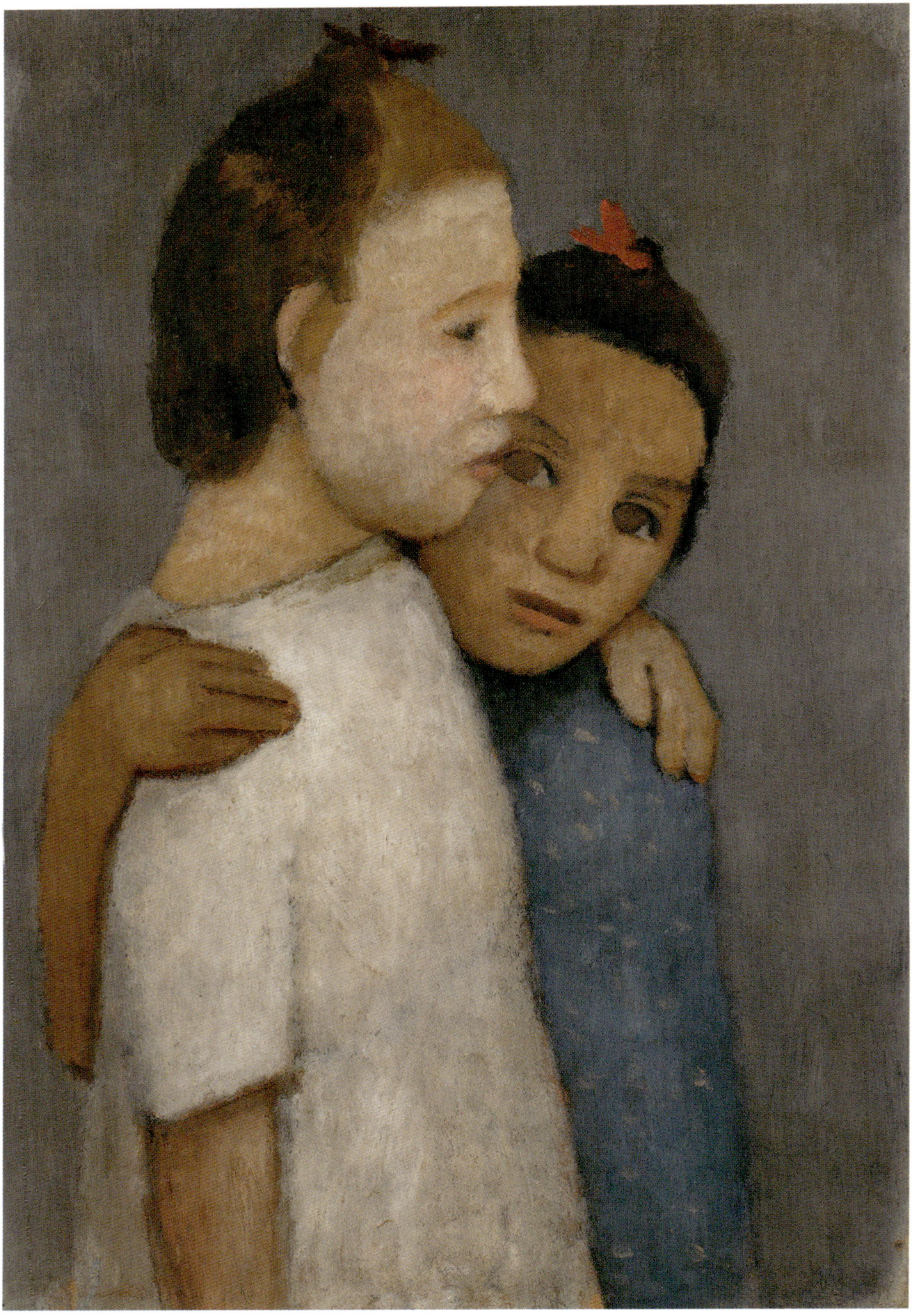

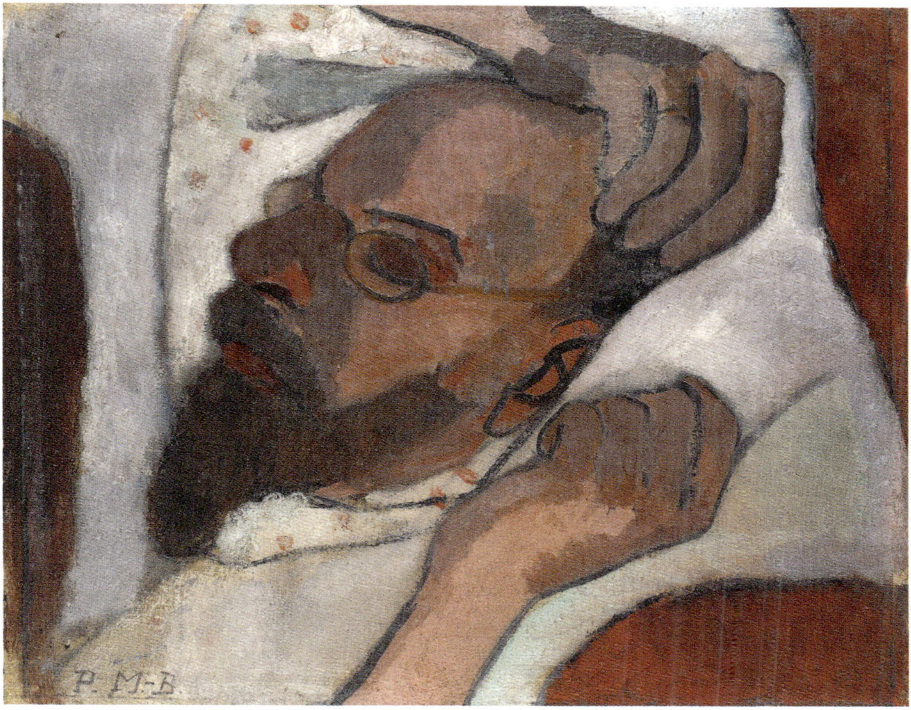

In innigster Verbundenheit zeigen sich die beiden Mädchen in diesem Doppelporträt. Eines der Mädchen schaut den Betrachter mit seinen großen braunen Augen an. Wie in vielen Selbstporträts malte die Künstlerin die Augen ohne Pupille, um den Blick intensiver wirken zu lassen. Bemerkenswert sind die Einflüsse der asiatischen Kunst, wie z. B. die Buddha-Statuen der Khmer, die sich im Gesicht und in der Haartracht der Mädchen zeigen. Dieses Bild malte die Künstlerin im Mai/Juni 1906 in zwei Fassungen.

„Zwei Mädchen in weißem und blauem Kleid, sich an der Schulter umfassend", Mai/Juni 1906, Pappe, 58,5 x 40 cm, Sammlung Rauert in der Hamburger Kunsthalle

Im Herbst 1906 besuchte Otto Modersohn seine Frau in Paris. Gemeinsam verbrachten sie den Winter in der Kunstmetropole. Das Porträt von Otto Modersohn malte die Künstlerin mit den für den Cloisonismus typischen dunklen Umrandungen der Formen.

„Otto Modersohn schlafend", Winter 1906/07, Leinwand, 39,7 x 46,3 cm, Paula-Modersohn-Becker-Stiftung, Bremen

Anders als nach ihrem ersten Parisaufenthalt im Jahr 1900, wollte sie ihren Hausstand an der Seine nicht aufbewahren und beauftragte Rilke mit der Auflösung. Sie schrieb ihm: „Ich sitze wieder in meinem kleinen Atelier bei Brünjes mit den grünen Wänden und unten hellblau. Ich gehe denselben Weg hierher wie in alten Zeiten und mir ist wunderlich zu Mute. Dies ist für mich die liebste Stube aus meinem ganzen Leben. Ich habe Wünsche zu arbeiten, um so mehr als ich die letzten Monate nach Paris auch nichts that."

Doch die Schwangerschaft machte sie häufig schwach und hinderte sie am Malen. In den letzten Monaten ihres Lebens malt sie das Selbstbildnis, das heute wohl ihr bekanntestes ist: „Selbstbild mit Kamelienzweig". Eine nur leicht angedeutete Hand hält den Kamelienzweig mit seinen parallel angeordneten Blättern gleich einer Symmetrieachse vor der Brust – als ob der Zweig wie bei einer Röntgenaufnahme auf dem Bildschirm erschiene. Das dem Betrachter voll zugewandte flächige Gesicht ist einen Ton dunkler als das orange-braune Gewand. Das schimmernde Weiß der Augäpfel unterstreicht die dunklen Augen. Um die geschlossenen Lippen spielt ein feines Lächeln, wie es vorher auf keinem Selbstbildnis nie zu sehen war. Uns, die wir von dem baldigen Tod der Künstlerin wissen, will dieses Lächeln heute überirdisch erscheinen.

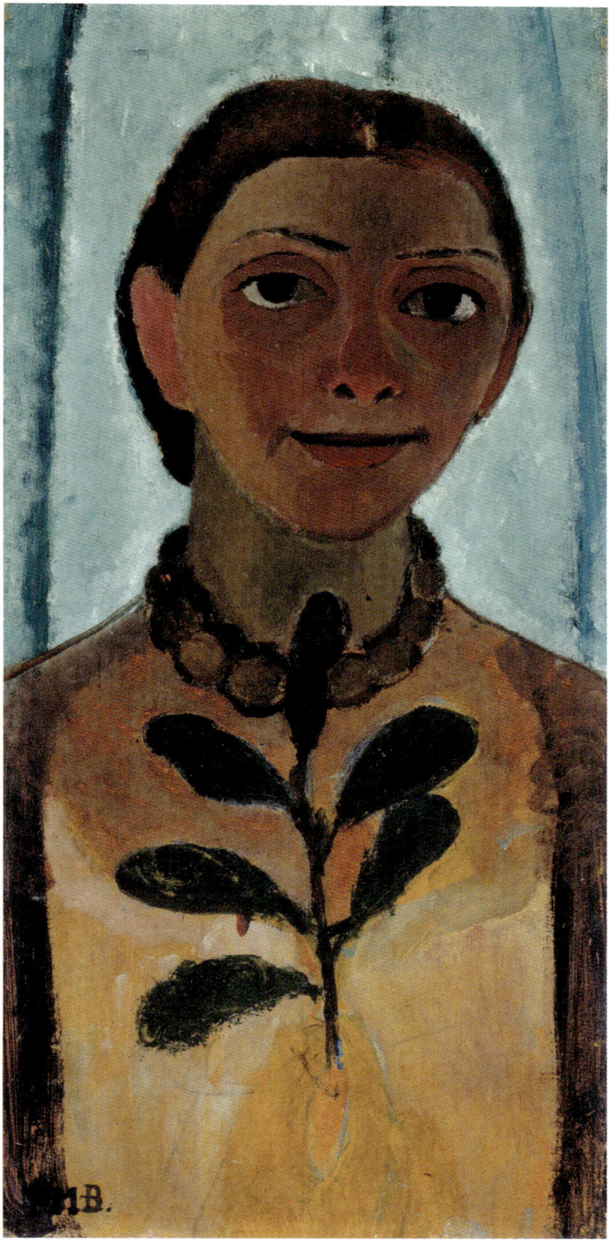

Dieses streng flächige „Selbstbildnis mit Kamelienzweig“ gehört zu den großartigen Gemälden, die Paula Modersohn-Becker noch in ihrem Todesjahr schuf. Zu sehen ist es heute im Museum Folkwang, Essen. In dem Gründer dieses Museums, Karl Ernst Osthaus, hatte die Künstlerin einen Förderer gefunden.

„Selbstbildnis mit Kamelienzweig“, 1906/07, Pappe, 61,5 x 30,5 cm. Museum Folkwang, Essen

Am 2. November 1907 brachte Paula Modersohn-Becker ein gesundes Mädchen zur Welt. Ein lebhaftes Kind. Wie die Großmutter Becker berichtete, kommentierte die Bäuerin vom Brünjeshof die rudernden Armbewegungen der kleinen Mathilde mit der schönen Bemerkung: „Se will all molen" – Sie will schon malen. Die Geburt war sehr schwer gewesen. Am 20. November durfte die junge Mutter zum ersten Mal aufstehen. Der Tag sollte ein Fest werden. So wie Paula Modersohn-Becker es ihr Leben lang geliebt hatte, besondere Anlässe feierlich zu begehen. Sie hatte sich mit einer roten Rose geschmückt. Im Raum brannten Kerzen. Da brach sie plötzlich zusammen. Eine Embolie machte ihrem Leben ein Ende. Ihre letzten Worte, bevor ihr Herz aufhörte zu schlagen, waren: „Wie schade." So hat es Otto Modersohn später berichtet. Er schrieb auch, dass sie in den letzten Monaten viel von Italien träumte, das sie nie gesehen hatte, von Akten im Freien, von großfigurigen Bildern.

Im Jahr nach dem Tod der Malerin schrieb der Freund Rainer Maria Rilke in Paris sein „Requiem" mit der Widmung „Für eine Freundin". Darin heißt es:

Denn Das verstandest du: die vollen Früchte,
Die legtest du auf Schalen vor dich hin
Und wogst mit Farben ihre Schwere auf.
Und so wie Früchte sahst du auch die Fraun
Und sahst die Kinder so, von innen her
Getrieben in die Formen ihres Daseins.
Und sahst dich selbst zuletzt wie eine Frucht,
nahmst dich heraus aus deinen Kleidern, trugst
dich vor den Spiegel, ließest dich hinein
bis auf dein Schauen; das blieb groß davor
und sagte nicht: das bin ich; nein: dies ist.

Nächste Doppelseite: Bernhard Hoetger schuf das Grabmal für Paula Modersohn-Becker auf dem Friedhof von Worpswede. Sehr schlicht hatte sie sich ihr Grab einmal gewünscht. Für viele, die von Leben und Werk der Künstlerin berührt werden, ist es heute ein stiller Wallfahrtsort.

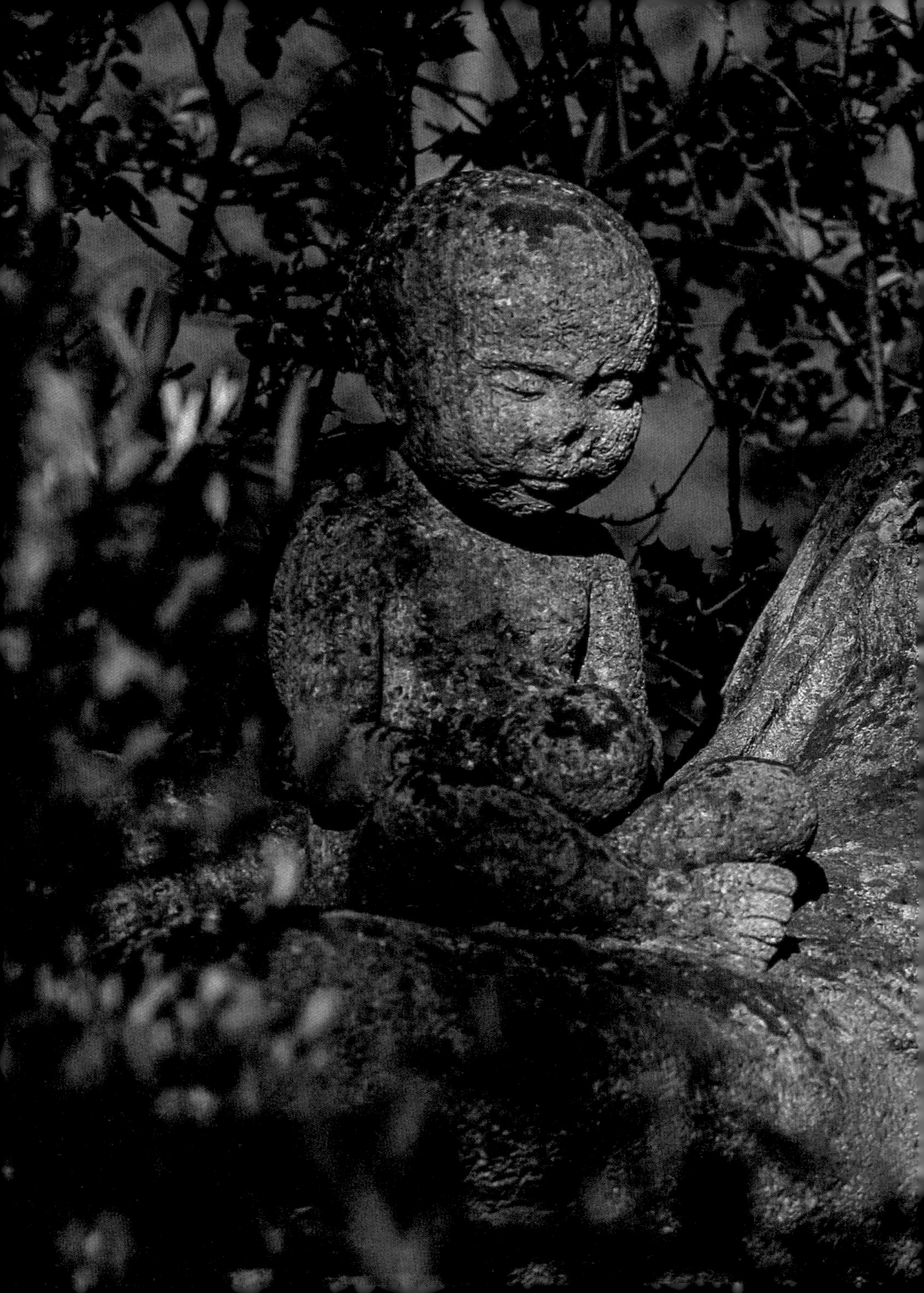

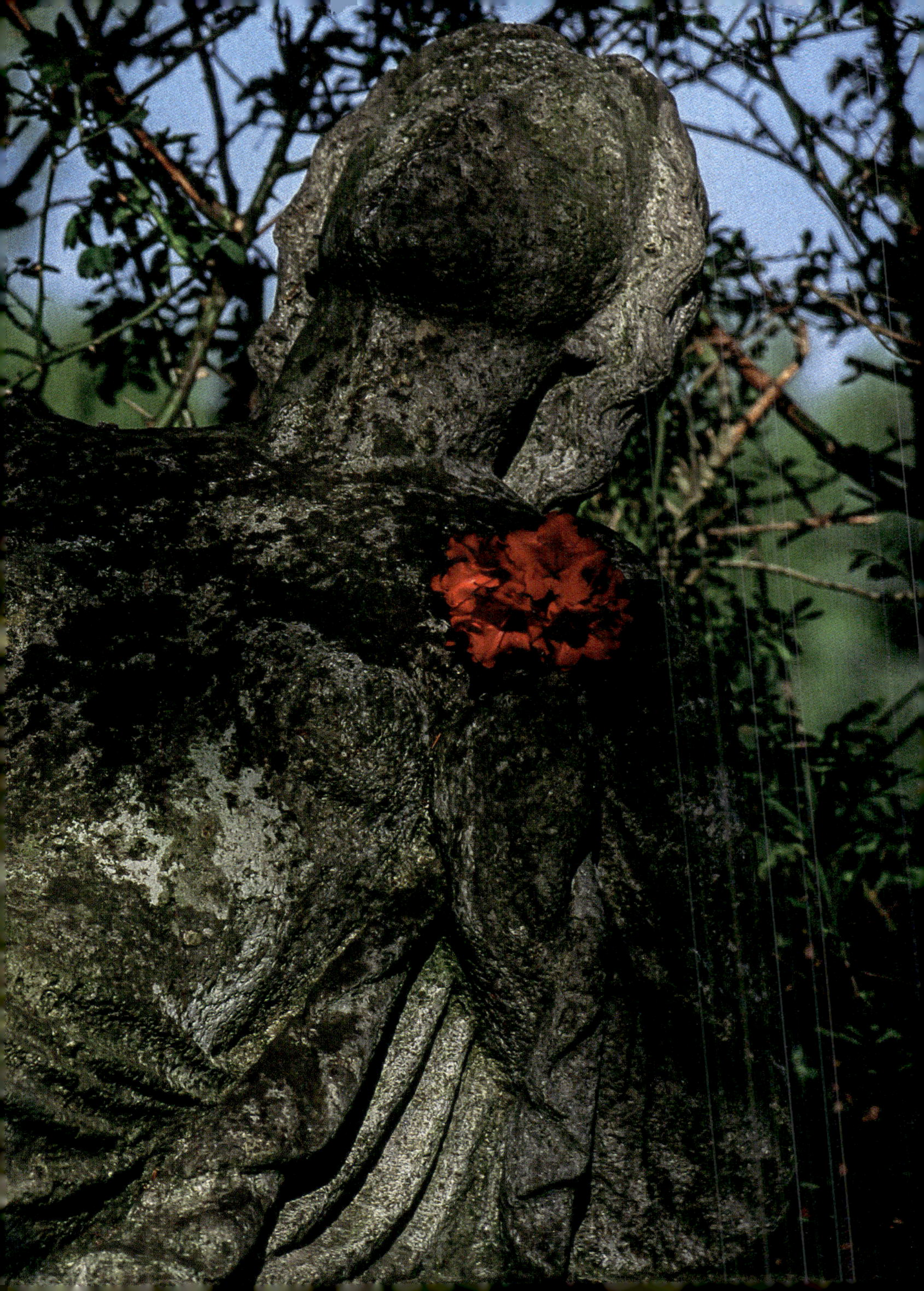

Paula Modersohn-Becker:
Lebensdaten

8.2.1876

Paula Becker wird als Tochter von Carl Woldemar Becker und Mathilde, geb. v. Bültzingslöwen, in Dresden geboren. Die Familie wohnt zunächst in der Schäferstraße, ihre Kinderjahre verbringt Paula in der Friedrichstraße.

1888

Übersiedlung nach Bremen in die Schwachhauser Chaussee 29.

1892

Paula hält sich bei ihrer Tante Marie Hill, einer Halbschwester ihres Vaters, auf, die ein Landgut in der Nähe Londons bewohnt. Sie erhält ihren ersten Zeichenunterricht.

1893–1895

Paula geht aufs Lehrerinnenseminar in Bremen. Gleichzeitig erhält sie Zeichen- und Malunterricht von Bernhard Wiegandt.

April 1895

Bei einem Besuch der Bremer Kunsthalle sieht sie zum ersten Mal Bilder der Worpsweder Künstlergruppe.

1896

Teilnahme an einem Kurs der Zeichen- und Malschule des „Vereins der Berliner Künstlerinnen“. Die Schule befand sich in der Potsdamer Straße 38/39.

Herbst 1896

Beginn der zweijährigen Ausbildung im Verein der Künstlerinnen in Berlin. Ihre Lehrer sind u.a. Jacob Alberts und Jeanne Bauck. In Berlin wohnt Paula zunächst in der Perleberger Straße 23, später dann in Schlachtensee, wo die Bültzingslöwenschen Verwandten ein Haus haben.

Sommer 1897

Während eines Familienausflugs von Bremen aus lernt Paula eher zufällig das Künstlerdorf Worpswede kennen und ist spontan begeistert. Sie beschließt, vor Beginn des Wintersemesters in Berlin, mit einer Freundin die Sommermonate dort zu verbringen.

Juli/August 1897

Wie geplant hält sich Paula in Worpswede auf. Nun lernt sie die Mitglieder der Künstlergemeinschaft näher kennen. Ein besonders gesuchter Gesprächspartner ist Otto Modersohn, der zu dieser Zeit gerade kurz vor der Hochzeit mit Helene Schröder steht.

November 1897

Sie unternimmt eine Wienreise, um im dortigen Kunsthistorischen Museum die Werke Lucas Cranachs, Peter Paul Rubens', Albrecht Dürers und Tizians zu studieren.

März/April 1898

Besuch der Internationalen Lithografieausstellung im Gewerbemuseum Berlin. Dort sieht sie Arbeiten u.a. von Puvis de Chavannes, Auguste Renoir, Édouard Manet, Henri de Toulouse-Lautrec und Edvard Munch.

April 1898

Reise nach Leipzig; dort Bekanntschaft mit Max Klinger in seinem Atelier.

Juni/Juli 1898

Skandinavienreise (Norwegen) mit ihrem Onkel Wulf v. Bültzingslöwen im Anschluss an das Ende ihrer Berliner Studienzeit.

1898/1899

Aufenthalt in Worpswede und Beginn der Freundschaft mit Clara Westhoff. Fritz Mackensen ist Korrektor ihrer Arbeiten. Sie wohnt „neben Boltes Villa".

Dezember 1899

Paula stellt einige Studien in der Bremer Kunsthalle aus, die von dem Kunstkritiker Arthur Fitger vernichtend besprochen werden.

Januar–Juli 1900

Paula verbringt ein halbes Jahr in Paris, wo sie zunächst am Boulevard Raspail 203, später dann in der Rue Campagne Première 9 wohnt. Sie studiert an der Akademie Colarossi bei den Lehrern Gustave Courtois, Raphael Collin und Louis Auguste Girardot. In der Galerie des Kunsthändler Vollard in der Rue Laffitte sieht sie Bilder von Paul Cézanne. Sie ist begeistert und zeigt sie sogleich ihrer Freundin Clara Westhoff, die sich ebenfalls in der Metropole aufhält. Auf der Pariser Weltausstellung sieht sie Arbeiten Auguste Rodins und Werke von Charles Cottet. Sie steht in ständigem Briefwechsel mit Otto Modersohn, der in Worpswede zurückgeblieben ist. Worpsweder Künstlerfreunde, unter ihnen auch Otto Modersohn, besuchen sie in Paris.

Juni 1900
Tod Helene Schröders, die die kleine Tochter Elsbeth zurücklässt.

Ende Juni 1900
Rückkehr nach Worpswede. Nun bezieht sie Wohnung und Atelier im Haus des Bauern Brünjes in Ostendorf.

Ende August 1900
Carl Hauptmann und Rainer Maria Rilke besuchen Worpswede.

12.9.1900
Verlobung mit Otto Modersohn.

Januar/Februar 1901
Paula nimmt ziemlich widerwillig an einem Haushaltskurs in Berlin teil, um sich auf Wunsch ihres Vaters auf die Ehe vorzubereiten. Sie wohnt in der Eisenacher Straße 61. Von Berlin aus macht sie einen Dresdenbesuch. Sie vertieft ihre Freundschaft zu Rainer Maria Rilke. Sie sieht Gemälde von Arnold Böcklin.

25.5.1901
Hochzeit mit Otto Modersohn.

Bis 19.6.1901
Das junge Paar verbringt die Flitterwochen auf einer Rundreise über Berlin, Dresden, Schreiberhau (als Gäste Carl Hauptmanns), Prag, München und Dachau.

November 1901
Tod des Vaters Carl Woldemar Becker.

Februar/März 1903
Zweiter Parisaufenthalt Paula Modersohn-

Beckers. Zunächst wohnt sie wieder am Boulevard Raspail, später dann in der Rue Cassette 29. Sie sieht eine Sammlung japanischer Farbholzschnitte, die sie stark beeindrucken. Außerdem besucht sie das Pariser Atelier Auguste Rodins sowie das in Meudon. Besonders intensiv beschäftigt sie sich mit der Kunst der Antike und mit den Arbeiten Rembrandts.

Juli 1903

Paula, Otto und Elsbeth (Otto Modersohns Tochter aus erster Ehe) machen Sommerferien auf Amrum.

Februar–April 1905

Dritter Parisaufenthalt. Paula wohnt zuerst noch einmal in der Rue Cassette 29, um dann in die Rue Madame 65 umzuziehen. Sie lebt zusammen mit ihrer Schwester Herma, die sich in Paris fortbildet. Paula belegt den Aktkurs an der Akademie Julian.

März 1905

Tod der Schwiegermutter. Besuch in den Ateliers von Édouard Vuillard und Maurice Denis. Otto Modersohn stattet ihr zusammen mit Paulas älterer Schwester Milly Becker und den Vogelers einen Besuch ab. Sie sehen sich Bilder Gauguins aus der Sammlung Fayet an und besuchen das Atelier Rodins in Meudon. Paula setzt sich besonders mit den Arbeiten Vincent van Goghs, Henri Mattisses und Georges Seurats auseinander, die sie im Salon des Artistes Indépendants besichtigt.

April 1905
Ende des Parisaufenthalts.

Sommer 1905
Clara Rilke-Westhoff und Paula nähern sich wieder an und erneuern ihre Gespräche.

Weihnachten 1905
Rainer Maria Rilke sieht ihre Bilder und erkennt endlich ihren Wert. Er ist der erste Käufer eines ihrer Bilder: „Säugling mit der Hand der Mutter“. Die Künstlerin plant einen weiteren Parisaufenthalt.

Silvester 1905
Einladung zu Carl Hauptmann nach Schreiberhau. Dort lernt sie Werner Sombart kennen.

23.3.1906
Aufbruch zu ihrem vierten Parisaufenthalt. Noch einmal zieht sie in die Rue Cassette 29, später wohnt sie in der Avenue du Maine 14, dann am Boulevard Montparnasse 49.

Mitte April 1906
Sie besucht den Bildhauer Bernhard Hoetger, der sich ebenfalls in Frankreich aufhält.

Um den 4. Mai 1906
Bernhard Hoetger besucht sie im Atelier. Zwischen den beiden entsteht eine herzliche Freundschaft. Paula malt die Porträts Lee Hoetgers und Rainer Maria Rilkes.

Pfingsten 1906
Otto Modersohn besucht Paula in Paris. Ihr Zusammensein verläuft sehr unharmonisch.

3.9.1906

Brief Paulas an Otto mit der Bitte, sie freizugeben.

9.9.1906

Brief Paulas an Otto, indem sie den vorhergehenden wieder zurücknimmt und die Hoffnung auf einen gemeinsamen Neuanfang ausdrückt. Sie bittet Otto, nach Paris zu kommen, um die Ehe wieder zu festigen. Wahrscheinlich hat ein Gespräch mit Bernhard Hoetger sie dazu bewogen, von ihren Trennungsabsichten abzusehen.

Oktober 1906

Otto Modersohn kommt über den Winter nach Paris. Er mietet ebenfalls ein Atelier am Boulevard Montparnasse 49.

November 1906

Bilder Paula Modersohn-Beckers werden in der Bremer Kunsthalle ausgestellt. Gustav Pauli würdigt sie in einer Besprechung.

Jahreswende 1906/1907

Otto und Paula Modersohn besuchen Bremen.

2.11.1907

Geburt der Tochter Mathilde.

20.11.1907

Paula Modersohn-Becker stirbt knapp drei Wochen nach der Geburt ihrer Tochter plötzlich an einer Embolie.

Anhang

Autoren
Museen
Literatur

Anna Brenken

schreibt über bildende Kunst, Theater und Literatur. Als freie Journalistin berichtet sie für mehrere Tageszeitungen, Wochen- und Monatsmagazine über die aktuelle Kulturszene. Im Ellert & Richter Verlag sind unter anderem ihre Bücher „Stille Winkel in Hamburg", „Hamburg – Metropole an Alster und Elbe" sowie die Bildreisen „Worpswede und das Teufelsmoor", „Schönes Dresden" und „Schönes Hamburg" erschienen.

Toma Babovic

studierte Architektur und Grafik-Design an der Akademie für Künste in Bremen. Seit 1989 freischaffender Fotodesigner in der Hansestadt. Er arbeitet unter anderem für den stern, GEO und Merian. Im Ellert & Richter Verlag sind von ihm eine Reihe von Büchern erschienen wie zum Beispiel die Bildreisen „Schönes Bremen" und „Auf Martin Luthers Spuren".

Die Autorin und der Verlag danken der Paula Modersohn-Becker Stiftung, Bremen, Simone Ewald und Wolfgang Werner für ihre freundliche Unterstützung bei diesem Buchprojekt.

Museen:

In einem von Bernhard Hoetger in der Böttcherstraße in Bremen gebauten Haus richtete Ludwig Roselius im Jahr 1927 mit seiner Paula-Modersohn-Becker-Sammlung das Museum ein, das damit weltweit das erste einer Malerin gewidmete Museum ist. Dort sind heute Werke aus der ehemaligen Roselius-Sammlung mit den umfangreichen Beständen der Paula Modersohn-Becker Stiftung vereint. Mit wechselnden Ausstellungen bietet das Museum einen Einblick in das Gesamtwerk der Künstlerin.
Paula Modersohn-Becker Museum
Böttcherstraße 6–10
28195 Bremen
Tel.: 0421/33 88 222
www.pmbm.de
www.museen-boettcher-strasse.de

1978 rief die Tochter der Künstlerin, Tille Modersohn (1907–1998), die Paula Modersohn-Becker Stiftung ins Leben und übereignete ihr den in ihrem Besitz befindlichen Teil des Nachlasses. Neben 50 Gemälden, rund 500 Zeichnungen und dem druckgrafischen Werk verwahrt die Stiftung den schriftlichen Nachlass sowie Fotografien und Dokumente.

Die Bremer Kunsthalle verfügt über 37 Gemälde und circa 100 Zeichnungen von Paula Modersohn-Becker. Bereits der erste Direktor Gustav Pauli, der sie schon zu Lebzeiten förderte, erwarb ab 1908 systematisch Werke der Künstlerin. 1908 wurde dort die erste Gedächtnisausstellung gezeigt.
Kunsthalle Bremen
Am Wall 207
28195 Bremen
Tel.: 0421/32 90 80
www.kunsthalle-bremen.de

In Worpswede, in der Großen Kunstschau, werden Werke Paula Modersohn-Beckers und ihrer Künstlerkollegen vorgestellt:
Große Kunstschau Worpswede
Lindenallee 5
27726 Worpswede
Tel.: 04792/13 02
www.grosse-kunstschau.de

Weitere Orte in Europa, an denen man Gemälde von Paula Modersohn-Becker finden kann:

Basel
Kunstmuseum Basel
St. Alban-Graben 16
CH-4010 Basel
Tel.: 0041/61/2 06 62 62
www.kunstmuseumbasel.ch

Berlin
Neue Nationalgalerie
Staatliche Museen zu Berlin
Potsdamer Straße 50
10785 Berlin
Tel.: 030/2 66 42 42 42
www.smb.museum/nng

Darmstadt
Hessisches Landesmuseum
Friedensplatz 1
64283 Darmstadt
Tel.: 06151/1 65 70 00
www.hlmd.de

Den Haag
Gemeentemuseum Den Haag
Stadhouderslaan 41
NL-2517 Den Haag
Tel.: 0031/70/3 38 11 11
www.gemeentemuseum.nl

Dortmund
Museum Ostwall
Leonie-Reygers-Terrasse
44137 Dortmund
Tel.: 0231/5 02 47 23
www.museumostwall.dortmund.de

Essen
Museum Folkwang
Museumsplatz 1
45128 Essen
Tel.: 0201/8 84 54 44
www.museum-folkwang.de

Frankfurt
Städel Museum
Schaumainkai 63
60596 Frankfurt
Tel.: 069/6 05 09 82 00
www.staedelmuseum.de

Hamburg
Hamburger Kunsthalle
Glockengießerwall
20095 Hamburg
Tel.: 040/4 28 13 12 00
www.hamburger-kunsthalle.de

Hannover
Niedersächsisches Landesmuseum
Willy-Brandt-Allee 5
30169 Hannover
Tel.: 0511/9 80 76 86
www.nlmh.de

Karlsruhe
Staatliche Kunsthalle
Hans-Thoma-Straße 2–6
76133 Karlsruhe
Tel.: 0721/9 26 33 59
www.kunsthalle-karlsruhe.de

Kiel
Kunsthalle zu Kiel
Düsternbrooker Weg 1
24105 Kiel
Tel.: 0431/8 80 57 56
www.kunsthalle-kiel.de

Köln
Museum Ludwig
Heinrich-Böll-Platz
50667 Köln
Tel.: 0221/22 12 61 65
http://www.museum-ludwig.de/

Mannheim
Kunsthalle Mannheim
Friedrichsplatz 4, Besuchereingang Löwenportal Moltkestraße
68165 Mannheim
Tel.: 0621/2 93 64 30
www.kunsthalle-mannheim.de

München
Pinakothek der Moderne
Barer Str. 40
80333 München
Tel.: 089/23 80 53 60
www.pinakothek.de

Münster
LWL-Landesmuseum für Kunst und Kulturgeschichte
Domplatz 10
48143 Münster
Tel.: 0251/59 07 01
www.lwl.org/LWL/Kultur/LWL-Landesmuseum-Muenster

Oldenburg
Landesmuseum für Kunst und Kulturgeschichte
Prinzenpalais
Damm 1
26135 Oldenburg
Tel.: 0441/2 20 73 00
www.landesmuseum-oldenburg.niedersachsen.de

Stuttgart
Staatsgalerie Stuttgart
Konrad-Adenauer-Straße
30–32
70173 Stuttgart
Tel.: 0711/47 04 00
www.staatsgalerie.de

Wuppertal
Das Von der Heydt-Museum Wuppertal verfügt über die meisten Werke Paula Modersohn-Beckers außerhalb Bremens.
Turmhof 8
42103 Wuppertal
Tel.: 0202/5 63 62 31
www.von-der-heydt-museum.de

Literatur:

Günter Busch: Paula Modersohn-Becker – Malerin, Zeichnerin, Frankfurt am Main 1981

Rolf Hetsch: Paula Modersohn-Becker – Ein Buch der Freundschaft, Berlin 1932

Hans-Christian Kirsch: Worpswede – Die Geschichte einer deutschen Künstlerkolonie, München 1987

Paula Modersohn- Becker, Werkverzeichnis der Gemälde. Herausgegeben von Günter Busch und Wolfgang Werner im Auftrag der Paula Modersohn-Becker-Stiftung, 2 Bde., Werkverzeichnis von Günter Busch, Wolfgang Werner und Milena Schicketanz. München 1998

Paula Modersohn-Becker in Briefen und Tagebüchern, herausgegeben von Günter Busch und Liselotte v. Reinken, Frankfurt am Main 1979. Zweite erweiterte Auflage, herausgegeben von Wolfgang Werner, Frankfurt am Main 2007

Paula Modersohn-Becker – Die Gemälde aus den drei Bremer Sammlungen, herausgegeben von der Paula Modersohn-Becker-

Stiftung Bremen, vierte veränderte Auflage 2008

Paula Modersohn-Becker und die Kunst in Paris um 1900 von Cézanne bis Picasso, herausgegeben von Anne Buschhoff und Wulf Herzogenrath anlässlich der Ausstellung in der Kunsthalle Bremen vom 13. Oktober 20017 bis 24. Februar 2008, Bremen 2007

Paula Modersohn-Becker zum hundertsten Geburtstag – Gemälde, Zeichnungen, Graphik, Katalog zur Ausstellung in Bremen, Bremen 1976

Paula Modersohn-Becker: Das Frühwerk, Bestandskatalog der Paula-Modersohn-Becker-Stiftung zur Ausstellung in der Kunsthalle Bremen, Bremen 1985

Paula Modersohn-Becker: Die Landschaften, Bestandskatalog der Paula-Modersohn-Becker-Stiftung zur Ausstellung in der Kunsthalle Bremen, Bremen 1989

Paula Modersohn-Becker: Zeichnungen, Pastelle, Bildentwürfe, Katalog zur Ausstellung, Hamburg 1976
Christa Murken-Altrogge: Paula Modersohn-Becker – Leben und Werk, Köln 1980

Gustav Pauli: Paula Modersohn-Becker, Leipzig 1919 (Mit einem Werkverzeichnis der Gemälde und Zeichnungen), 2. Aufl. 1922, 3. Aufl. 1934

Liselotte v. Reinken: Paula Modersohn-Becker, Monographie, Reinbek bei Hamburg 1983

Rainer Maria Rilke: Worpswede, Bielefeld/Leipzig 1910

Harald Seiler: Paula Modersohn Becker, München 1959

Rainer Stamm: Ein kurzes intensives Fest. Paula Modersohn-Becker. Eine Biographie. Stuttgart 2007

Otto Stelzer: Paula Modersohn-Becker, Berlin 1958

Brigitte Uhde-Stahl: Paula Modersohn-Becker – Frau, Künstlerin, Mensch, Stuttgart 1989

Sigrid Weltge-Wortmann: Die ersten Maler in Worpswede, Worpswede 1979

Wolfgang Werner: Paula-Modersohn-Becker-Œuvreverzeichnis der Graphik, Bremen 1972

Bildnachweis
Alle Fotos von Toma Babovic; Gemälde und historische Fotos © mit freundlicher Genehmigung der Paula Modersohn-Becker Stiftung, Bremen,
außer: bpk: S. 17 (Staatliche Museen zu Berlin, Nationalgalerie), 24 (Museum der bildenden Künste, Leipzig); Sächsische Landesbibliothek Dresden/Deutsche Fotothek: 14/15; Wikimedia Commons/ Library of Congress, USA: 100

Titel
„Mädchenkopf vor einem Fenster" (Ausschnitt, um 1902), Kunsthalle Bremen, siehe auch Seite 84/85

Bibliografische Information der Deutschen Nationalbibliothek
Die Deutsche Nationalbibliothek verzeichnet diese Publikation in der Deutschen Nationalbibliografie; detaillierte bibliografische Daten sind im Internet über http://dnb.d-nb.de abrufbar.

ISBN 978-3-8319-0686-4

2. Auflage 2024

Redaktion: Svetlana Romantschuk, Hamburg
Gestaltung: BrücknerAping Büro für Gestaltung, Bremen
Gesamtherstellung: ADverts, Riga, Lettland

www.ellert-richter.de
www.facebook.com/EllertRichterVerlag
www.instagram.com/ellert_richter_verlag